Lancaster-Absturz in Wuppertal-Schöller

Marcel Lesaar

Bibliografische Information der Deutschen Nationalbibliothek:
Die Deutsche Nationalbibliothek verzeichnet diese Publikation in
der Deutschen Nationalbibliografie; detaillierte bibliografische
Daten sind im Internet über http://dnb.dnb.de abrufbar.

Herstellung und Verlag:
BoD – Books on Demand, Norderstedt

ISBN: 978-3-8423-3047-4

Lancaster-Absturz in Wuppertal-Schöller

Die Geschichte eines Lancaster Bombers

▪ Angriff auf Dortmund ▪ Der Absturz ▪ Die Crew ▪ Die Maschine ▪ Funde

Marcel Lesaar

Der Autor

Marcel Lesaar, Jahrgang 1967, Sparkassenbetriebswirt. Nach jahrelanger Familienforschung ist er nun seit 2013 ehrenamtlicher Mitarbeiter des LVR - Amtes für Bodendenkmalpflege im Rheinland. Bei seinem neuen Hobby kann er sein Interesse an der Archäologie und der Heimatgeschichte vereinen und hat Freude an Prospektionen und Recherchen. Er ist einer der vier Autoren des Buches „Abgestürzt – Die Geschichte von fünf im 2. Weltkrieg in Langenberg, Neviges, Mettmann und Wuppertal abgestürzten Halifax-Bombern und deren Besatzungen".

Inhaltsverzeichnis

Pilot Harry R. Moncrieff

Vorwort

„Nun Kameraden, ich denke das war's, springt ab!"

Dies waren die letzten Worte des Piloten des Lancaster Bombers NE114 der Royal Air Force am 23.5.1944. Zuvor hatte die Crew gemeinsam mit rund 375 weiteren Bombern ihre Bomben über Dortmund abgeworfen und so zur weiteren Zerstörung der Stadt beigetragen. Aber auch für die Royal Air Force war der Luftkrieg verlustreich. Neben dem Verlust weiterer Maschinen und ihrer Crewmitglieder, überlebten von der siebenköpfigen Crew der Lancaster NE114 nur zwei Flieger. Sie kamen nach dem Absturz in deutsche Kriegsgefangenschaft.

Als ehrenamtliche Mitarbeiter des LVR - Amtes für Bodendenkmalpflege im Rheinland beschäftigen sich meine Kollegen und ich mit Themen von der Steinzeit bis hin zum Zweiten Weltkrieg. Bei der Flugzeugarchäologie ist das Finden des Absturzortes und entsprechender Artefakte ein wesentliches Ziel. Hierbei bleibt es jedoch nicht. Recherchen in Archiven, Kontakte zu Zeitzeugen und der Austausch mit Verwandten der Crewmitglieder sind ebenfalls Bestandteil unserer Arbeit. Dies führt zu einem umfassenden Bild hinsichtlich der Geschehnisse in der schicksalhaften Nacht und gibt Auskunft über die Maschine und ihre Besatzung.

Auch wenn es sich bei dem in dieser Veröffentlichung dargestellten Absturz um einen Fall im Raum Wuppertal handelt, so steht er doch stellvertretend für viele weitere alliierte Angriffe und das Schicksal vieler Besatzungen.

Erinnerungen und Tagebucheinträge der überlebenden Crewmitglieder, Erzählungen der hinterbliebenen Verwandten und Unterlagen der Royal Air Force ermöglichen einen tieferen Einblick in die Geschehnisse des 23.5.1944.

3 Fünf der sieben Crewmitglieder der Lancaster NE114 mit einem weiteren Flieger

Ohne die unermüdliche Suche nach Resten der Maschine durch die Ehrenamtler, die Bereitschaft der Verwandten der Crewmitglieder ihre Unterlagen und Erinnerungen zu teilen und die Hilfe weiterer Personen und diverser Archive im In- und Ausland, wäre eine Dokumentation dieses kleinen Teiles der Kriegsgeschichte nicht möglich gewesen. Daher gilt diesen und weiteren Personen mein besonderer Dank.

Marcel Lesaar

Prolog

Der in dieser Publikation beschriebene Absturz geschah einen Monat nach der Kapitulation der deutschen Streitkräfte in Italien. Der östliche Kriegsschauplatz war zu dieser Zeit von sowjetischen Offensiven und Rückzügen der deutschen Wehrmacht geprägt. Wenige Tage später, am 6.6.1944, kam es zur Invasion der westlichen Alliierten in Nordfrankreich im Rahmen der Operation „Overlord".[1]

Die alliierten Luftstreitkräfte flogen massive Einsätze gegen deutsche Ziele. Tagsüber griffen Bomber der amerikanischen Luftwaffe (United States Army Air Forces - USAAF) an, nachts die der britischen Luftwaffe (Royal Air Force - RAF).

Ziele waren deutsche Großstädte, um dadurch die deutsche Bevölkerung zu demoralisieren, sowie strategische Ziele wie Fabriken, Bahnhöfe, Versorgungsdepots und Stellungen von V1-Raketen u.a. in Deutschland, Belgien und Frankreich.

4 Lancaster Bomber 1944

Bei den Angriffen wurden auch Lancaster Bomber eingesetzt, die seit 1941 in verschiedenen Versionen produziert wurden. Das britische Bomber Command setzte Lancaster Maschinen erstmals im Jahre 1942 ein. Die Lancaster Bomber erreichten die höchste Produktionszahl mit insgesamt 7.377 Maschinen, gefolgt von den ebenso bekannten Halifax Bombern mit 6.176 Maschinen. Insgesamt flogen Lancaster-Maschinen im Zweiten Weltkrieg über 156.000 Einsätze und warfen dabei 608.612 t Bomben ab. Schwerpunkt waren Nachteinsätze gegen Deutschland und Sondereinsätze. Dazu zählten Angriffe auf das deutsche Schlachtschiff „Tirpitz" am 12.11.1944, welche zum Kentern des Schiffes führten und die Bombardierung von Hitlers Berghof bei Berchtesgaden.[2] Die Lancaster Maschinen wurden vom Bomber Command auch als „Pathfinder" eingesetzt. Diese hatten die Aufgabe, die Ziele mittels Leuchtbomben für die Hauptangriffswellen zu markieren.

Bei der Lancaster handelte es sich um eine viermotorige Maschine, die sieben Besatzungsmitglieder hatte. Es gab den Piloten, Navigator, Bordingenieur, Funker, Bombenschützen, Heckschützen und den Schützen des oberen Turmes.

Die Bomber der Royal Air Force waren nicht nur mit Besatzungsmitgliedern aus England belegt. Recht häufig waren unterschiedliche Nationalitäten aus den Commonwealth Staaten an Bord. Hierzu zählten u.a. Kanadier, Australier und Neuseeländer.[3] Viele Kanadier meldeten sich freiwillig zum Dienst bei der Royal Canadian Air Force (RCAF) und kamen nach entsprechender Ausbildung nach England, um mit ihren britischen Kameraden zu fliegen.

5 6 Propaganda-Poster der Royal Canadian Air Force

Angriff auf Dortmund und Absturz

Am 22.5.1944 flog die Royal Air Force mehrere Angriffe, u.a. gegen Dortmund, Braunschweig, Orleans, LeMans und Ludwigshafen. Über 1000 Maschinen wurden losgeschickt. 375 flogen nach Dortmund, eine Stadt, die seit einem Jahr nicht mehr schwer angriffen worden war. 361 Lancaster Bomber und 14 Mosquito Jagdbomber waren am Angriff auf Dortmund beteiligt und kamen in zwei Wellen auf unterschiedlichen Routen auf Dortmund zu.[4] Um die deutsche Aufklärung zu verwirren, flogen zusätzlich 28 Mosquitos in Richtung Ludwigshafen.

Von den 375 Maschinen, die Dortmund angriffen, stellte die Gruppe 1 des Bomber Command 183 Maschinen zur Verfügung. Diese stammten von insgesamt 11 Staffeln, u.a. der 166. Staffel, die mit den meisten Bombern, nämlich 24 Lancaster Maschinen, vertreten war.[5] [6] Hierzu gehörte auch die Maschine des Piloten Harry R. Moncrieff, eine Lancaster mit der Seriennummer NE114. An Bord waren folgende Flieger:

Position	Rang	Name	Alter	Luftwaffe	Herkunft
Pilot	P/O	**Harry R. Moncrieff**	26	RCAF	Belleville, ON, Kanada
Bombenschütze	F/S	**William P. Chandler**	28	RCAF	Calgary, AB, Kanada
Navigator	Sgt.	**Denis Asquith**	21	RAF	Leeds, England
Funker	Sgt.	**Samuel Flavell**	29	RAF	Glasgow, England
Bord-Ingenieur	Sgt.	**John Notley**	19	RAF	Ipswitch, England
Turmschütze	Sgt.	**William F. Shead**	20	RAF	London, England
Heckschütze	Sgt.	**Charles <u>Keith</u> Wynn**	20	RCAF	Truro, NS, Kanada

Crew der Lancaster NE114

Die Planung des Angriffes verlief streng geheim. Stunden vor dem Angriff erhielt der Nachrichtenoffizier der 166. Staffel von der 1. Gruppe des Bomber Command die Nachricht, sich auf einen Angriff gegen das Ziel mit dem Codenamen „sprat"[7] (übersetzt: Sprotte = Dortmund) vorzubereiten. Ab diesem Zeitpunkt liefen die Vorbereitungen auf Hochtouren. U.a. mussten die Führungsoffiziere der Staffel und des Flugplatzes Kirmington, sowie die Offiziere für Bewaffnung, Navigation und Technik, die Flugkontrolle und die fotografische Sektion unterrichtet werden. Flugrouten mussten berechnet und

Codes[8]
Alle größeren deutschen Städte hatten Codenamen. Die Namen waren Fischarten. Die Codenamen wurden streng geheim unter Verschluss gehalten. Beispiele für die Codes sind:

Berlin – whitebait (Breitling)
Dortmund – sprat (Sprotte)
Duisburg – cod (Kabeljau)
Düsseldorf – perch (Flussbarsch)
Essen – bullhead (Groppe)
Hamburg – dace (Weißfisch)
München – catfish (Katzenfisch)

die Treibstoffversorgung passend zum Gewicht der Bombenladung und der Flugdauer ermittelt werden. Das Bodenpersonal bereitete die Maschinen vor. Die „bombing-up"-Crews beluden die Maschinen mit den geplanten Bomben.

7 Verladen von 4000-Pfund-Luftminen – RAF Station Kirmington

8 Verpacken von Brandbomben in Kisten – RAF Station Kirmington

Wenige Stunden vor Abflug fand nach intensiven Vorbereitungen das erste Briefing unter Aufsicht der Militärpolizei statt, die den Eingang zum Briefingraum bewachte. Nun lüftete der Nachrichtenoffizier das Geheimnis, welche deutsche Stadt das Ziel war. Das Ziel und die Flugroute wurden auf einer großen Karte dargestellt.

9 Briefing-Raum der 166. Staffel – Nachrichtenoffizier Bill Jones und Staffel-führer Spence bei der Planung eines Angriffes auf Berlin im September 1944

Während des Briefings erhielten die Crews Informationen u.a. über Bombenladung, Treibstoff, Route, Abflugzeiten, Ziel, Wettervorhersage, erwartete Abwehr durch Flugabwehrkanonen (Flak) und Jäger und Kennzeichnungsart der Ziele durch Markierungsbomben. Für den Anflug waren zwei Routen geplant. Für die Crew der Lancaster NE114 war folgende Route vorgesehen: Von der Westküste Englands sollte die Nordsee überflogen werden, bis die Maschinen die Küste nahe Texel erreichten. Danach ging es in südöstlicher Richtung weiter, bis man später in südlicher Richtung direkt auf Dortmund zufliegen sollte.[9]

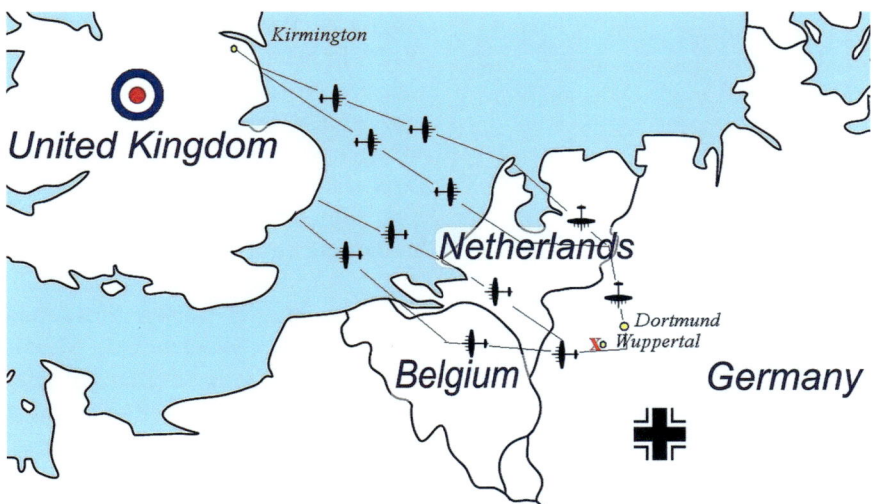

***10** Flugroute der Bomber beim Angriff auf Dortmund*

Im Rahmen des ersten Briefings bekamen die Crewmitglieder u.a. die Notfallausrüstung (s. Seite 32) für den Fall eines Absturzes und einer Gefangennahme ausgehändigt. Danach erhielten die Crewmitglieder ihren Aufgaben entsprechende Detailinformationen, z.B. vom Navigationsoffizier. Rund zwei Stunden vor Start gab es ein letztes Briefing. Hier wurden persönliche Dinge und Briefe für Angehörige, für den Fall eines „noreturn", eingesammelt.[10]

Die Crew der NE114 startete um 22:15 Uhr vom Flugplatz Kirmington[11], welcher nahe der Stadt Grimsby, 220 km nördlich von London an der Nordseeküste lag. Die Crews flogen nicht sofort der Flugroute entsprechend los, sondern mussten erst eine gewisse Flughöhe erreichen und flogen daher vorab einige Minuten über Land und sammelten sich dann im Gebiet des Flugplatzes zum Weiterflug. Als sie später Texel überflogen, kamen sie der deutschen Abwehr in Form von Nachtjägern näher.

Nachtjagdverfahren der Deutschen Luftwaffe

Wilde Sau

Als „Wilde Sau" wurde ein Verfahren der deutschen Luftwaffe bezeichnet, mit welchem Nachtangriffe britischer Bomber direkt über dem Zielgebiet abgewehrt wurden. Jäger (z.B. die einmotorige Messerschmitt BF109 und Focke-Wulf Fw190), die keine Ausrüstung für eine Nachtjagd besaßen, arbeiteten gemeinsam mit der Flak. Die Maschinen machten die angreifenden Verbände durch Abwurf von Leuchtgranaten sichtbar. Das Verfahren blieb jedoch nicht nachhaltig erfolgreich, u.a. weil die Koordination zwischen Flak und Jägern schwierig war. Beim Angriff auf Dortmund wurde dieses Verfahren letztmalig im großen Stil angewandt. Es wurde durch das Verfahren „Zahme Sau" abgelöst.[14]

Zahme Sau

„Zahme Sau" war ein Nachtjagdverfahren, bei dem große Jagdverbände selbständig mittels Bordradar die feindlichen Verbände orteten. Hier wurden Nachtjäger (z.B. die zweimotorige Junkers Ju 88 und Messerschmitt Me 110) eingesetzt, die entsprechend ausgerüstet waren und auch außerhalb des Zielgebietes operieren konnten.

Um den Angriff auf Dortmund abzuwehren, schickte der Leiter des 1. Jagdkorps 125 „Zahme Säue" zum Abfangen der Bomber und rund 30 weitere einmotorige Maschinen zum Zielgebiet.[12]

Maschinen mehrerer Nachtjagdgeschwader sammelten sich schon um 23:26 Uhr über dem Ijsselmeer, um sich den beiden Angriffswellen entgegenzustellen. Um 0:12 Uhr bekamen sie den Befehl, die südlich von Amsterdam kommenden Bomber anzugreifen. Diese Abwehrmaßnahme war wenig erfolgreich, so dass die Spitze des Doppelangriffes den Rhein überflog, wenige Minuten vor dem Beginn der Bombardierung Dortmunds.[13]

Vor dem Angriff warfen Mosquito-Jagdbomber große Mengen von Aluminium-Folie in Form von Streifen ab. Diese reflektierten das deutsche Radar und störten es dementsprechend. Einige Maschinen konnten das Näherkommen einer starken Streitmacht von 500 Flugzeugen vortäuschen, indem sie alle 2-3 Sekunden diese Täuschmittel mit großer Präzision abwarfen.[15] Diese Form von Täuschmanöver nannte die RAF „windows". Auf deutscher Seite wurden die Streifen auch genutzt. Hier wurden die Täuschmittel „Düppel" (Standort der Labore der Firma Telefunken bei Berlin) genannt.[16]

11 Lancaster beim Abwurf von Stabbrandbomben – 1944 über Duisburg

Innerhalb einer Minute nach Ankunft der ersten Welle feindlicher Bomber kam es zu ersten Gefechten.[17]

Die Bomber der 166. Staffel erreichten Dortmund gegen 0:45 Uhr und bombardierten die Stadt zwischen 0:47 und 0:53 Uhr aus einer Höhe von rund 6.500 m.[18]

12 Lancaster beim Abwurf einer 4000 Pfund Luftmine und Brandbomben

Die Crew der NE114 bombardierte Dortmund um 0:49 Uhr. Die Bombenladung bestand aus einer 4000-Pfund-Luftmine, 108 30-Pfund-Brandbomben und 1170 4-Pfund-Brandbomben.[19] Nach erfolgreichem Einsatz wurde die Crew von zwei deutschen Jägern angegriffen.

13 Zweimotorige Messerschmitt Me 110 - 1942

14 Messerschmitt Bf 109 G - 1944

Der Pilot Harry Moncrieff reagierte mit heftigen Ausweichmanövern und der Schütze des oberen Geschützturmes erwiderte das Feuer mit seinen zwei Browning-Geschützen. Der Heckschütze Keith Wynn konnte nicht feuern, da seine Geschütze durch Vereisung defekt waren. Danach folgten die für die Crew wohl erschreckendsten Momente ihres Lebens. Die Geschosse der feindlichen Maschinengewehre rissen die Maschine in Stücke und die Crewmitglieder fragten sich, wann sie wohl selber getroffen werden würden. Erst als der Pilot sie aufforderte abzuspringen, realisierten sie, dass es in dieser Nacht kein Zurück nach England geben würde. Der Fallschirm wurde angelegt und die Heckklappe geöffnet, nachdem sie etwas klemmte. Ein paar der Crewmitglieder schafften es herauszuspringen. Die Maschine rauschte an ihnen vorbei, der Fallschirm wurde geöffnet. Unten war die Hölle los. Suchscheinwerfer durchdrangen die Dunkelheit. In der Ferne brannten heftige Feuer, das Ziel der

15 8,8-cm-Flak

Mission, Dortmund. Das dumpfe Getöse der Flak war eine gute Imitation eines Gewitters in der Ferne. Man konnte geradezu fühlen, wie die 4000 Pfünder explodierten. Über den abgesprungenen Crewmitgliedern dröhnten die Lancaster- und Halifax-Bomber heimwärts ... [20]

Die Lancaster NE114 schlug wenig später unweit von Wuppertal-Schöller auf und brannte lichterloh.

Erinnerungen des Bombenschützen William Chandler

Der aus Kanada stammende Bombenschütze William Chandler erinnert sich in seinem Tagebuch:

„Montag 22. Mai 1944: Unsere Besatzung in S für Sugar [Kennzeichnung der Maschine innerhalb der Staffel: AS-S] *startete von unserer Basis in Kirmington zusammen mit 25 anderen Maschinen der 166. Staffel. Unser Ziel, Dortmund, war wie ein Christbaum erleuchtet. Hunderte von Suchscheinwerfern durchkämmten den wolkenlosen Nachthimmel. Wir bombardierten um 0:49 Uhr am Dienstag den 23. Mai und wurden ca. 15 Minuten später von zwei Jägern angegriffen.*

16 Junkers Ju 88 G mit Radargerät

17 Tagebuch der Kriegsgefangenen von der Kriegsgefangenenhilfe der Y.M.C.A (Young Men`s Christian Association)

Beim ersten Angriff ging der Skipper in einen sehr starken Korkenzieherflug über und jagte uns damit einen ganz schönen Schrecken ein. Anschließend sagte er: „Oh, warum habe ich nur meine liebe grauhaarige Mutter verlassen" - einer seiner liebsten Sprüche. Beim nächsten Angriff wurden wir von einem explosiven Geschoss getroffen und Monty`s [Pilot H.R. Moncrieff] *letzte Worte waren „Nun Freunde, ich denke das war's, springt ab!" 17.000 feet [5.282 m] Zehn Sekunden später, unter einer seidenen Fallschirmkappe, schaute ich auf meine Uhr. Es war 1:07 Uhr. Ich landete um 1:15 Uhr."*[21]

18 Bombenschütze William Chandler

Das Korkenzieher-Manöver

Das Standard-Ausweichmanöver der britischen Bomber des Zweiten Weltkrieges war das „Korkenzieher-Manöver". Es basierte auf einer Abfolge von starken Sink- und Steigflügen kombiniert mit Richtungsänderungen, so dass es für Nachtjäger mit ihren unbeweglichen Geschützen schwieriger war, die Bomber zu treffen und weiter zu verfolgen.

150 m

19 Skizze eines Korkenzieher-Manövers

Erinnerungen des Heckschützen Keith Wynn

Lawrence Wynn erinnert sich an die Erzählungen seines Bruders Keith, dem Heckschützen und zweiten Überlebenden:

„Es war 2:00 Uhr am Morgen des 22. Mai 1944 [dem Geburtstag der Mutter] *auf dem Flug nach Hause von einer Mission, als ein Jäger herankam und uns abschoss. Ich war Heckschütze und meine Geschütze waren eingefroren und funktionierten daher nicht. Das Nächste, was der Pilot uns mitteilte, war, abzuspringen. Da gab es nur eine Tür an der Maschine. Dort waren auch andere Kameraden, es war jedoch dunkel, daher konnte ich nicht sagen, wer es war. Ich verfing mich mit meinem Stiefel und musste mich nach oben strecken, um ihn loszubinden. Ich landete auf dem Dach eines Hauses* [Haan, Oberholzer Straße]. *Sie nahmen mich vom Dach runter und behielten mich bis zum Morgen und riefen dann das Militär, um mich abzuholen. Als sie kamen, gingen sie ganz schön rau mit mir um. Die Bewohnerin des Hauses schimpfte sie aus. Ich wusste nicht, was sie gesagt hatte, aber sie bekam sie in den Griff. Danach waren sie recht gut zu mir."*[22]

20 21 Das Haus, auf dem Keith Wynn landete – vor dem Krieg und 2015

Erinnerungen des Anwohners Oskar Pöll

Im Jahre 1948 dokumentierte ein britischer Untersuchungsoffizier die Erinnerungen von Oskar Pöll, dem Eigentümer des Grundstückes, auf welches die Lancaster abgestürzt war:

22 Feuerwehrmann Oskar Pöll

„Ich erwachte einige Zeit nach Mitternacht am 22./23. Mai 1944 durch das Dröhnen eines Flugzeuges, welches niedrig über das Farmhaus hinwegflog. Der Lärm verklang augenblicklich und kam dann viel lauter zurück. Als ich aus dem Bett sprang, gab es einen lauten Aufprall. Ich verließ das Haus mit ein paar Landarbeitern, die ebenfalls aufgestanden waren. In einer Aue, ungefähr 150 Yards [137 m] entfernt, sahen wir ein riesiges Feuer. Als wir uns näherten, war zu sehen, dass ein schweres Flugzeug abgestürzt war und nun heftig brannte. Loderndes Benzin hatte sich vom Flugzeug über eine große Fläche ausgebreitet und Munition explodierte ständig in den Flammen. Das Flugzeug und die Umgebung brannten bis zum folgenden Morgen. Zwei Besatzungsmitglieder, die aus der Maschine beim Aufprall herausgeschleudert worden waren, wurden von den Flammen weggezogen. Sie waren aber bereits tot. Als das Wrack am nächsten Tag abgekühlt war, erfolgte eine Suche nach weiteren Besatzungsmitgliedern. [...] Die beiden vollständigen Körper bekamen separate Särge. Die drei Särge mit den Überresten wurden kurz danach von Luftwaffenpersonal aus Düsseldorf fortgebracht.[23]

Meldung der freiwilligen Feuerwehr Schöller

Die freiwillige Feuerwehr aus Schöller wurde zum Absperren des Geländes und zu Aufräumarbeiten hinzugezogen. Hier die Meldung über den Einsatz:

Freiwillige Feuerwehr
Löschzug III   Schöller, den 25. 5. 1944
S c h ö l l e r

M e l d u n g !

Am 23. d. Mts. um 01.30 Uhr wurde der Löschzug III Schöller zum Abspe
ren und zu Aufräumungsarbeiten eines abgestürzten feindlichen Flugzeuges alarmiert. Der Löschzug war mit 20 Mann angetreten. Um 04.00 Uhr
wurde die Löschgruppe bis auf 4 Mann, die bis zum Eintreffen der Land-
wacht um 09.00 Uhr Wache hielten, entlassen.
Die Wachmannschaften waren:

Johann Schey

Karl Brassel

Karlheinz Wittkopp

Ferdinand Paninski.

24 Ferdinand Paninski

. . . .
Meister der Feuerwehr

23 Einsatzmeldung der freiwilligen Feuerwehr Schöller

Einsatzbericht der 166. Staffel der Royal Air Force

Die 166. Staffel fasste den Einsatz wie folgt zusammen:

24 unserer Maschinen wurden für den Angriff auf Dortmund in der Nacht vom 22./23. Mai 1944 eingeteilt. Alle Maschinen starteten erfolgreich bei guten Wetterverhältnissen und 21 bombardierten das Hauptziel. Eine Maschine brach den Einsatz aufgrund einer ernsthaften Erkrankung des Heckschützen ab, zwei, geflogen von F/O Shepard und Crew und Flight Sergeant Moncrieff und Crew, kamen nicht zurück. Die Markierung der Pathfinder wurden als exzellent beschrieben und das Zielgebiet war klar. Suchlichter waren zahlreich und aktiv und man stieß auf einige schwere Flak, auch wenn sie nicht so intensiv war, wie man es für ein Ziel im Ruhrgebiet erwartet hätte. Der Weg zum und vom Ziel weg war mit Leuchtbomben deutscher Nachtjäger [Die deutschen Nachtjäger versuchten so die Bomber für die Flak sichtbar zu machen.] gesäumt und es wurde von neun Sichtungen feindlicher Jäger berichtet. Eine Maschine, geflogen von F/O Parmenter und Crew, wurde von herabfallenden Brandbomben getroffen, wodurch der Steuerbordflügel beschädigt wurde und ein Feuer im Heckturm entstand. Das Feuer wurde vom Heckschützen und Funker gelöscht. Das Zielgebiet wurde als eine Masse von Feuern beschrieben und alle Crews waren von dem Erfolg ihres Angriffs begeistert.[24]

25 Scheinwerfer beleuchten für die Flak einen alliierten Flieger bei einem Angriff auf Bremen

Date	Time	Summary of Events SECRET.	References to Appendices
21.5.44		down in flames.. Results of the raid were difficult to asses owing to dense cloud but most crews reported that the glow of fires burning in the target area could be seen below cloud.	
		On the whole it was a disappointing sortie owing to inability to see the results of bombing.	
22.5.44		OPERATIONS. 24 of our aircraft were detailed to attack DORTMUND on the night of the 22/23rd. May, 1944. All aircraft took off successfully in good weather conditions and 21 bombed the primary target. One aircraft abandoned the mission, owing to serious illness of the Rear Gunner, two, of flown by F/O. Shepherd and Crew and Flight Sergeant Moncrieff and crew, failed to return.	Order of Battle No.12 Form 541
		P.F.F. marking was described as excellent and the target area was clear. Searchlights were numerous and active and some heavy flak was encountered, though it was not so intense as had been expected for a Ruhr target. The track into and out of the target was lined with fighter flares and nine sightings of enemy fighters were reported. One aircraft, flown by F/O. Parmenter and crew was hit by falling incendiaries, causing damage to starboard aileron and a fire in the rear turret, which as extinguished by the Rear Gunner and the Wireless Operator. The Wireless Operator temporarily lost consciousness but was revived by the Rear Gunner.	
		The target area was described as one mass of fires and all crews were enthusiastic about the success of their attack.	

26 Zusammenfassung des Angriffs der 166. Staffel

Die Pathfinder

Pathfinder-Einheiten hatten die Aufgabe, mittels Leucht-bomben die Hauptziele zu kennzeichnen, so dass anschließend größere Verbände die Ziele mit höherer Zielgenauigkeit treffen konnten. Hierzu wurden Zielmarkierungsbomben genutzt. Es gab drei Formen der Zielmarkierung: diese waren Beleuchtung, Bodenmarkierung und Luftmarkierung. Bei der Beleuchtungsmethode wurde lediglich der Zielbereich beleuchtet und die Crews mussten selbstständig das Ziel ausmachen. Die beiden anderen Methoden gaben den Crews die Stellen vor, wo zu bombardieren war.

Die Zielmarkierungsbomben (TI = target indicator) bestanden aus 250 Pfund-Bomben, welche mit 60 farbig leuchtenden „Kerzen" gefüllt waren.[25] Die Bomben explodierten in bestimmten Höhen, wonach die hell leuchtenden Kerzen herabfielen und später auf dem Boden einige Minuten weiter leuchteten.

Die deutsche Bevölkerung sprach beim Anblick der leuchtenden Kerzen von „Christbäumen" am Himmel. Luftmarkierungsbomben, „skymarkers", kamen zum Einsatz, wenn das Zielgebiet bewölkt war.

27 Beleuchtung eines Zieles durch Pathfinder

Das Einsatzprotokollbuch der 166. Staffel listet die einzelnen Maschinen und deren Crews auf. Neben Harry Moncrieffs Maschine ist zu lesen, dass die Maschine nicht mehr zurück kam und man von der Mannschaft seit dem Start nichts mehr gehört hatte. Die Crews, die zurückkamen, wurden vom Nachrichtenoffizier hinsichtlich ihres Einsatzes befragt. Die Ergebnisse wurden dann im Einsatzprotokollbuch dokumentiert.

Date	Aircraft Type & Number	Crew	Duty	Time Up	Time Down	Details of Sortie or Flight
22.5.44	LANCASTER LM.521	P/Sgt. Cooke, S.G. Sgt. Downs, A.W. Sgt. Rennie, R.S. (Can.R.156805-RCAF) P/Sgt. Birtwhistle, C.L. Sgt. Holyoak, A.G. Sgt. Scargill, R. Sgt. Ashworth, A.B.	DORTMUND	22.15	03.25	Bomb load: as above. Bombed at 00.52 hours from 20,500ft. on fires. Reported target area a mass of fires and ground detail visible.
	JB.649	P/O. Cann, R.J.B. Sgt. Drongeson, R.S. Sgt. Taylor, B.J. W/O. Zuk, N.(Can.R.140655-RCAF) Sgt. Storey, R.B. Sgt. Hill, A.G.	DORTMUND	22.20	03.15	Bomb load as above. Bombed at 00.49 hours from 20,000ft. on centre of green T.I. Reported P.F.F. well concentrated and target area one huge conflagration.
	NE.114	P/Sgt. Moncrieff,H.R. (Can.R.7522-RCAF) Sgt. Notley, J. Sgt. Chandler, W.P. Sgt. Asquith, D. Sgt. Flavell, S. Sgt. Shead, W.F. Sgt. Wynn, C.K.(Can.R.190166-RCAF)	DORTMUND	22.15	Missing	Bomb load as above. Failed to return. Nothing heard after take-off.

28 Einsatzprotokollbuch der 166. Staffel vom 22.5.1944 mit dem Eintrag des Angriffs auf Dortmund und dem Hinweis „Failed to return; Nothing heard after take-off."

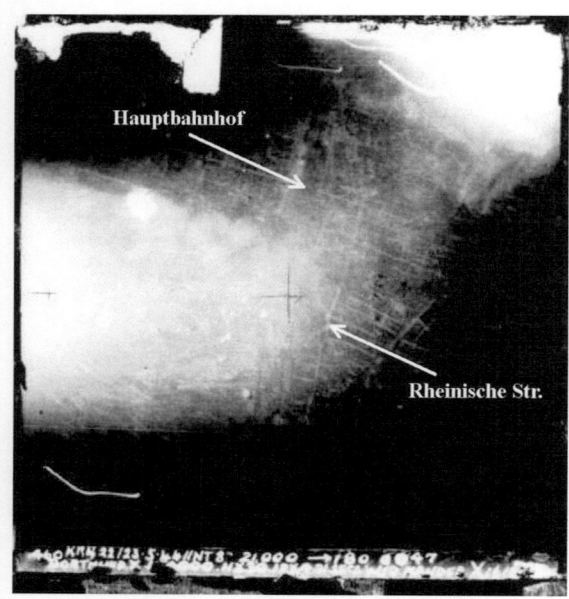

Kurz nach dem Abwurf der Bomben wurden von allen Bombern Zielfotos mit der Bordkamera aufgenommen, um die Wirkung des Angriffes zu dokumentieren. Nebenstehend ist das Zielfoto der Lancaster LL916 des Piloten Warrant Officer Mander (verstarb vier Tage später bei einem Angriff auf Aachen) von 0:47 Uhr abgebildet. Diese Maschine der 166. Staffel war zehn Minuten nach dem Start der Maschine von Harry Moncrieff vom Flugplatz Kirmington gestartet.

Auf dem Bild sind die Dortmunder Straßenzüge, insbesondere die Rheinische Straße, zu erkennen.

29 *Zielfoto von Dortmund vom 23.5.1944*

Den Angaben unterhalb des Bildes zufolge, wurde das Foto aus 21.000 feet [6,4 km] Höhe aufgenommen.

Bericht der Gruppe 1 des Bomber Command

Die Gruppe 1 des Bomber Command fasste die Geschehnisse aus den Berichten der einzelnen Staffeln wie folgt zusammen:

„375 Maschinen starteten für einen Angriff auf Dortmund. Von den 183 Lancaster-Bombern, die von dieser Gruppe entsandt wurden, behaupten 165 erfolgreich „A" [das Hauptziel wurde bombardiert], *eine erfolgreich „B"* [ein alternatives Ziel wurde bombardiert] *gewesen zu sein. 6 Maschinen mussten abbrechen, 11 galten als vermisst, da nach dem Start nichts mehr von ihnen gehört wurde.*

Auf der Flugroute stieß man über der Nordsee in einer Höhe von bis zu 13.000 feet auf Wolken, die unterschiedlich eingeschätzt wurden, nämlich von 5-10/10 [Angabe der Bewölkungsdichte – 10/10 = Himmel vollkommen mit Wolken bedeckt]. *Nachdem die feindliche Küste überflogen war, lösten sich die Wolken langsam auf und wie berichtet wurde, waren die Bedingungen am Ziel, abgesehen von leichtem Nebel, klar. Die Pathfinder begannen das Markieren pünktlich, sowohl mit T.I.s* [target indicator flares] *als auch R.P.* [release point flares] *Leuchtbomben. Unter solch günstigen Bedingungen waren praktisch alle Crews in der Lage, den Bereich der Bodenmarkierungen zu bombardieren. Diese Markierung wurde während des gesamten Angriffs beibehalten. Berichten zufolge ermöglichte dies eine präzise Konzentration der Bombardierung. Die ver-*

ursachten Feuer breiteten sich schnell und flächendeckend aus, Umrisse von Straßen und Gebäuden wurden deutlich sichtbar. Die Crews, die zu einem späteren Zeitpunkt des Angriffs bombardierten, berichteten, dass das gesamte markierte Gebiet aus einem großen Flammenmeer bestand, mit einer Rauchsäule bis zu einer Höhe von 10.000 feet [3.048 m]. Auf dem Heimflug war das Leuchten von Flammen noch in einer Entfernung von bis zu 70 Meilen [113 km] sichtbar. Es ereigneten sich zahlreiche Explosionen, wovon sechs in schneller Abfolge zwischen 0048 und 0058 [Uhr] besonders beeindruckend waren.

Die Bodenabwehr war, insbesondere um das Zielgebiet herum, aktiv und eine Anzahl unserer Maschinen wurde durch Flak beschädigt. Zahlreiche Suchscheinwerfer waren über das gesamte Ruhrgebiet in Aktion, aber ihre Effektivität schien durch den Nebel gestört worden zu sein. Zahlreiche Nachtjäger wurden gesichtet. 47 von diesen waren im Zielgebiet, der Rest auf dem Weg heimwärts im Südwesten des Ruhrgebietes. Es wurde von 13 Gefechten berichtet, in denen eine unserer Maschinen behauptet, eine Ju.88 zerstört zu haben. Sechs fanden über dem Ziel statt, vier im Südwesten des Ruhrgebietes, zwei auf dem Weg heimwärts (1 bei Gilzerijen, 1 bei Eindhoven) und eins im Wash Gebiet [westliches Küstengebiet Englands].

Folgende Staffeln stellten Maschinen zur Verfügung (Staffel und Anzahl der Maschinen):

12 Squadron	18
100 Squadron	15
101 Squadron	18
103 Squadron	14
166 Squadron	**24**
300 (Polish) Squadron	8
460 Squadron	22
550 Squadron	16
576 Squadron	17
625 Squadron	17
626 Squadron	14 [26]

30 Flieger der 166. Staffel mit Lancaster AS-I, einer 4000 Pfund Luftmine und weiteren Bomben vor dem Angriff auf Sterkrade am 16.6.1944

R.A.F. Form 540

See instructions for use of this form in K.R. and A.C.I., para. 2345 and War Manual Pt. II., chapter XX., and note in R.A.F. Pocket Book.

OPERATIONS RECORD BOOK

of (Unit or Formation) **No. 1 Group Headquarters**

Place	Date	Time	Summary of Events	References to Appendices
BAWTRY	MAY 21st/22nd (contd.)		**SECRET.**	
			In addition there were 76 sightings of enemy aircraft, 48 being in the target area, 14 along the outward route and 14 along the homeward route between MUNCHEN GLADBACH and ROTTERDAM.	242
			The following Squadrons supplied the aircraft:-	
			460 Squadron........ 21 A/C. 550 Squadron....... 18 A/C. Detailed........ 208 Lancasters	
			625 " 20 " 101 " 24 " Took off........ 207 "	
			100 " 19 " 12 " 21 " Successful "A"..183 "	
			103 " 18 " 626 " 14 " Successful "B"... 5 "	
			576 " 18 " 300 P. " 8 " Abortive O8T.... 2 "	
			166 " 26 " Abortive NO8T... 5 "	
			Missing......... 12 "	
	22nd/23rd.		375 aircraft took off to attack DORTMUND of which number this Group despatched 183 Lancasters. 165 claim to have been successful "A", 1 successful "B", whilst 6 aircraft were abortive and 11-missing, nothing being heard from them after take-off.	243
			Cloud variously estimated as from 5-10/10ths with tops at 13,000 feet was encountered along the route and across the North Sea. After crossing the enemy coast, however, cloud gradually dispersed, and on arrival at the target conditions are reported as clear apart from a slight haze. The P.F.F. commenced their marking punctually dropping both T.I.s and R.P. flares, but under such favourable conditions practically all crews were able to bomb the ground markers which are reported as being maintained in a plentiful sequence throughout the attack. That the markers attracted an accurate concentration of bombing is confirmed by reports of the attack, fires which rapidly grew in intensity and covered a large area, in which the outlines of the streets and buildings were clearly visible. Those crews which bombed in the later stages of the attack state that the whole of the marked area was a mass of flames, with smoke rising to a height of 10,000 ft. and the glow of fires is reported as being visible up to a distance of 70 miles on the homeward journey. Numerous explosions occured, six in rapid succession between 0048 and 0051 were particularly impressive. Ground defences were active especially around the target area and a number of our aircraft sustained damage by "Flak". Numerous searchlights over the whole of the RUHR were in action, but their effectiveness appeared to have been hampered by the haze. Night fighters were much in evidence, numerous sightings taking place, 47 of which were in the target area with the remainder mostly on the homeward route, in the south west of the RUHR. 13 combats are reported during which 1 of our aircraft claims to have destroyed a JU.88, 6 took place over the target, 4 in the south-west of the RUHR, 2 on the homeward route (1 at GILZERIEN, 1 at EINDHOVEN) and 1 in the WASH area.	
			The following squadrons supplied the aircraft:-	
			460 Squadron........ 22 A/C. 101 Squadron......18 A/C. Detailed....184 Lancasters.	
			625 " 17 A/C. 12 " 18 A/C. Took off....183 "	
			100 " 15 A/C. 626 " 14 A/C. Successful "A" 165 "	244
			103 " 14 A/C. 300(P.) " 8 A/C. Successful "B" 1 "	
			576 " 17 A/C. Abortive 6 "	
			166 " 24 A/C. Missing NOST...11 "	
			550 " 16 A/C.	

31 Operation Record Book der Gruppe 1 des Bomber Command von Mai 1944

Neben den Maschinen der Gruppe 1 des Bomber Command wurden auch Maschinen der 3., 6. und 8. Gruppe beim Angriff gegen Dortmund eingesetzt.[27] Bei Gruppe 3 handelt es sich um eine Bombergruppe vergleichbar mit der Gruppe 1. Die Gruppe 6 ist eine Gruppe der Royal Canadian Air Force. Die 8. Gruppe ist die Pathfinder Gruppe[28], deren 35. Staffel mit 14 Maschinen an dem Angriff beteiligt war und das Zielgebiet markiert hatte.

Die Royal Air Force verlor bei dem Angriff auf Dortmund 18 Lancaster, 4,8% der eingesetzten Maschinen.[29]

Im Bericht des Bomber Command wurden die Ergebnisse von Aufklärungsflügen über Dortmund festgehalten:

„*Der meiste Schaden, der durch diesen Angriff entstand, lag im Südosten der Stadt, welcher bereits schwere Angriffe im Vorjahr erfahren hatte. Ausgedehnte Schäden wurden überall in der Stadt verursacht. Betroffen waren die Vereinigten Stahlwerke, Hoesch, die Zweigniederlassung der Vereinigten Stahlwerke in Hörde [...], der Verschiebebahnhof Dortmund-Süd, der Güterbahnhof und der Hauptbahnhof. Mehrere, weniger bedeutende Industrien waren in unterschiedlichem Grade betroffen. Ein kleines Barackenlager am nordwestlichen Stadtrand wurde nahezu ausgelöscht und Warenlager und Hafengebäude im Hafengebiet wurden schwer getroffen. Wohn- und Geschäftsgebäude erlitten schwere Schäden.*"[30]

32 Dortmund Innenstadt mit Bahnhof im Hintergrund vor Oktober 1944

Insgesamt verlor die Royal Air Force in dieser Nacht 35 Maschinen. Fünf, möglicherweise 7 deutsche Jäger wurden zerstört.[31]

Die Zeitungen berichteten täglich vom voranschreitenden Kriegsgeschehen, so auch der nachfolgende Auszug aus einem Artikel der kanadischen Winnipeg Free Press vom 23.5.1944.

Canadian Squadrons Aid Great Raid Leaving Dortmund In Sheet Of Flame

London, Mai 23. - Mächtige alliierte Luftformationen aus allen Maschinentypen, inklusive hunderter amerikanischer schwerer Bomber, zerschlugen heute Flugplätze und Güterbahnhöfe in Deutschland und dem besetzten Frankreich, nachdem 1.000 Lancaster und Halifax der R.A.F und R.C.A.F ca. 4.480 Tonnen Sprengstoff auf Dortmund, Braunschweig und andere Ziele entlang und hinter der Invasionsküste abgeworfen hatten. FO, Monte Green, suite 18, Machray apartments, Winnipeg beschrieb Dortmund als eine Feuerwand während des Angriffs.

Das Luftfahrtministerium berichtete, dass 25 R.A.F Maschinen – einschließlich fünf kanadische Flieger – nach dem Einsatz letzte Nacht vermisst wurden, und dass mindestens zwei feindliche Jäger zerstört wurden.

In all den Nacht- und Tagangriffen haben etwa 1.700 schwere Bomber, 1.300 Jäger und 500 sonstige Typen schätzungsweise 15.000 Männer befördert. Über 5.000 Tonnen an Sprengstoff wurden abgeworfen.

Halifax der R.C.A.F bildeten den Großteil der Streitmacht, welche einen konzentrierten Angriff auf das Zentrum der Eisenbahn von Le Mans durchführten und andere kanadische schwere Maschinen schlossen sich Angriffen gegen Dortmund und Orleans an. Gestern zerstörten Jäger der R.C.A.F und Jagdbomber der 2. Taktischen Einheit sechs feindliche Jäger im Rahmen von Angriffen auf feindliche Kommunikationseinrichtungen, Flugplätze und andere militärische Ziele. Das kanadische Hauptquartier berichtete, dass Versorgungszüge und Lokomotiven beschädigt wurden.

Von den mehr als 1.700 Maschinen – inklusive der Jäger -, die den Tagangriff durchführten, kamen ein Bomber und drei Jäger nicht zurück.

Ziele der amerikanischen Angriffe umfassten Gleisgelände bei Epinal und Chaumont und Flugplätze bei Avord, Orleans-Briey, Bourges, Etampes-Mondesire, Caen, Chateaudun, alle in Frankreich. Ziele in Deutschland wurden nicht sofort identifiziert.

R.A.F. Mustang Jäger führten unterstützende Flüge durch.

Die besondere große Jägereskorte wurde offensichtlich über das als invasionsrelevante westliche Europa ausgesandt, um die sich zurückhaltende Luftwaffe in den Kampf zu ziehen und ihre bereits sich verringernde Anzahl im Vorfeld der bevorstehenden alliierten Invasion weiter auszudünnen.

Die Tagangriffe folgten alle dem Muster eines „vor der Invasion"-Angriffes durch Lahmlegen von Flugplätzen und Kommunikationseinrichtungen als Auftakt der Eröffnung einer westlichen Landfront.

Ein sonniger Himmel und ein früher Beginn der heutigen Reihe von Angriffen deuteten an, dass die alliierten Luftstreitkräfte die gestrige Marke von 6.000 Tonnen an Sprengstoff, die 4.500 Maschinen auf das westliche Europa abgeworfen hatten, überschreiten könnten.

Gewaltige Feuer wurden brennend in Dortmund, dessen Bahngleise nach Köln, Münster, Bremen, Krefeld, Hamm, Hannover und Berlin ausstrahlten, hinterlassen. Klares Wetter ermöglichte den Bombern ihre Ziele punktgenau zu bestimmen und der Angriff war konzentriert, so ein Kommuniqué des Luftfahrtministerium.

Wolken verhinderten eine sofortige Beurteilung der Ergebnisse bei Braunschweig.

Als Fortführung der Kampagne, das deutsche Schienennetz im Vorfeld der Invasion zu zerstören, bombardierten andere R.A.F. Bomber die französischen Eisenbahnzentren Orleans und LeMans, 70 Meilen und 110 Meilen südwestlich von Paris. Erste Berichte weisen laut Luftfahrtministerium darauf hin, dass beide Angriffe „gut konzentriert" waren.

R.A.F Mosquitos rundeten die Nachtangriffe mit Angriffen auf das Chemiezentrum in Ludwigshafen im Rheinland und einem Flugplatz in Belgien ab.

Amerikanische schwere Bomber griffen im Rahmen des gestrigen 4.500-Maschinen Angriffes Deutschlands Hauptmarinestützpunkt bei Kiel und die Verteidigungsanlagen gegen die Invasion entlang der Küstenregion von Pas de Calais an.[32]

Erinnerungen einer Dortmunderin

Die damalige Leiterin des Stadtarchivs Luise von Winterfeld beschreibt ihre Erlebnisse des 22./23.5.1944 in der amtlichen Chronik der Stadt Dortmund:

„Der 714. Alarm! Ich verbrachte ihn im Keller der August Hasslerstr. 11 [heute: Dresdner Str.] mit noch 5 Hausgenossen. Zuerst fielen wohl eine Serie von Brandbomben klirrend in unserer Gegend. Dann folgten Schlag auf Schlag die schweren, schweren Einschläge. Da wir keinen Tiefkeller haben, hockten wir nahe am Durchbruch am Boden auf Matten. Jeder ein nasses Tuch um den Kopf, die Gasmaske im Arm, Streichhölzer in der Tasche und ein feuchtes Handtuch,

33 Luise von Winterfeld

Der dritte Großangriff in der Nacht vom 22. zum 23. Mai 1944

Dienstag, d[en] 23.5.44

Genau 365 Tage nach dem 2. Terrorangriff erfolgte der 3. Angriff auf Dortmund.

Um 23.40 [Uhr] wurde ÖLW [Öffentliche Luftwarnung] gemeldet. Um 0.22 [Uhr] der 714. Alarm. 1.20 [Uhr] kam LZ [Entwarnung].

Der Drahtfunk liess erkennen, dass Dortmund von Kampfverbänden angeflogen wurde. Es sollen 400 Feind-Maschinen gewesen sein. Der Angriff selbst war verhältnismässig kurz, er dauerte von 0.35 – 1.15 [Uhr] also nur 40 Min[uten]. Die Feinde leisteten aber – wie man am nächsten Tage von verschiedensten Seiten hörte – „sauberste Massarbeit". Mehrere „Bombenteppiche" wurde ausgelöst. Einer über Hörde, einer in der Gartenstadt, einer im Osten /NO u[nd] einer im Süden der Stadt.

34 Zeitungsartikel über den Angriff auf Dortmund

das wir beim Kommando „Achtung" d.h. beim hörbaren Herunterkommen schwerer Bomben, so vors Gesicht drückten, dass Nase und Ohren durch Daumen und kleine Finger fest geschlossen und ebenfalls fest geschlossenen Augen und Mund vor Luftdruck und Mörtelstaub geschützt waren. Obwohl in unserer Straße keine Sprengbomben oder Minen fielen, zitterten und ... jeweilig die Wände beängstigend. Das Licht ging aus; wir zündeten unsere Laterne an. Es krachte vor Glas und herunterfallenden Ziegeln, Fensterrahmen usw. Wir erwarteten nur noch Trümmer in der Wohnung zu finden. Brandgeruch drang durch. Und vor der Entwarnung kam aus dem Nachbarhaus der Selbstschutztrupp [2 Mann] und wir gingen nach oben. Kleine Brände im 2. und 3. Stock [4 Brandbomben], die sich sehr rasch löschen ließen. Aber rings um uns große und kleine Brände. Die Funken flogen wie Schneegestöber. Brandwache auf dem Boden mit Feuerpatsche. Die Feuerstürme sangen und brausten. Dortmund war ein Flammenmeer. Alles half beim Löschen, so dass in unserer Straße keine Flächenbrände entstanden. Nur wenige Häuser brannten stark herunter."[33]

35 36 37 38 Dortmund-Hörde nach Angriffen der Alliierten
(unten rechts mit beschädigter Stiftskirche im Hintergrund)

Die Dortmunder Bilanz des Angriffes

Deutschen Angaben zur Folge griffen 400 feindliche Maschinen Dortmund zwischen 0:35 und 1:15 Uhr an. Insgesamt fielen 1.656 Tonnen Bomben auf die Stadt. 140.814 Bomben trugen zur weiteren Zerstörung der Stadt bei. Hierbei handelte es sich um 120.000 Stabbrandbomben, 20.000 Phosphorbrandbomben, 652 Sprengbomben und 162 Minenbomben. 514 Personen fielen dem Angriff zum Opfer, darunter 29 Kriegsgefangene und 44 ausländische Arbeiter. 20 Anwohner waren vermisst, 1.867 verletzt. Durch die Bombardierung wurden rund 8.000 Menschen obdachlos. Es entstanden 3.693 Brände, darunter 692 Großbrände. An Häusern wurden 1.335 total zerstört, 1098 schwer beschädigt, 1.227 mittelschwer und 4.192 leicht. Der Angriff galt hauptsächlich den Stadtteilen im Süden (Hörde), Südosten und Osten. Die Industrieschäden wurden als gering bis mittelschwer bezeichnet.[34]

Wer schoss die Lancaster NE114 ab?

In den Abschussmeldungen des OKL/RLM (Oberkommando der Luftwaffe/Reichsluftfahrtministerium) der Nachtjäger des 23.5.1944 sind mehrere Hinweise bezüglich derjenigen zu finden, die die Lancaster abgeschossen haben könnten. Aufgrund der Vielzahl der Abschüsse in dieser Nacht und aufgrund des kleinen Zeitraums, in der diese erfolgten, ist eine gesicherte Zuordnung von Jäger zum abgeschossenen Bomber nicht möglich. Ein weiterer Grund sind die Ortsangaben. Die Abschussmeldungen enthalten i.d.R. den Ort, an dem der Nachtjäger auf den Bomber traf und diesen attackierte. Der Absturzort konnte jedoch viele Kilometer vom Ort des Angriffs entfernt liegen.

39 Kurt Landl   *40 Karl-Heinz Seeler*   *41 Helmut Lent*   *42 Heinz-Wolfgang Schnaufer**

* Major und Kommodore des Nachtjagdgeschwaders 4 Heinz-Wolfgang Schnaufer anlässlich einer Ehrung in seiner Heimatstadt Calw (Januar 1945)

An der Abwehr der alliierten Angriffe im Bereich Dortmund war u.a. der Jagdflieger Feldwebel Kurt Landl (1921-1944) der 2. Staffel des Jagdgeschwaders 300 beteiligt. In dieser Nacht erzielte er über Dortmund seinen allerersten Abschuss. Oberleutnant Karl-

Heinz Seeler (1920-1945) der 5. Staffel des Jagdgeschwaders 302 erreichte seinen 4. und 5. Abschuss über Dortmund bzw. Hamm. Die Flieger Oberst Helmut Lent (1918-1944) vom Stab des Nachtjagdgeschwaders 3 und Major Heinz-Wolfgang Schnaufer (1922-1950) vom Stab der IV. Gruppe des Nachtjagdgeschwaders 1 waren ebenfalls im Einsatz. Oberst Lent erzielte seinen 97. und Major Schnaufer seinen 68. und 69. Abschuss.[35]

Der Abschuss der Maschine wurde möglicherweise der Flak zugesprochen, die ebenfalls in den Abschussmeldungen zu finden ist. Hier werden folgende, für den Abschuss einer Lancaster im Bereich Schöller verantwortliche Flakbatterien, aufgeführt:

3./schwere Flak Abteilung 305, Standort Wuppertal
6./schwere Flak Abteilung 401, Standort Duisburg
5./schwere Flak Abteilung 447, Standort Duisburg[36]

23.5.44 (Tag)			Flak			3 (Seite)
Lfd. Nr.	Uhr-zeit	Ort (Planquadrat)	Einheit	Typ	Abschießender	Bemerkungen
15	01.21	Schöller	3./s. 305	Lancaster	3. Fr.	12
16	01.21	"	5./s. 447 6./s. 401	"	5./s. 447 6./s. 401	"

43 Auszug aus den Abschussmeldungen vom 23.5.1944

44 Flakscheinwerfer in Duisburg

45 Ringtrichter-Richtungshörer in Duisburg zur Lokalisierung feindlicher Flugzeuge

Sei stets bereit und denke dran,
daß heut der Tommy kommen kann!

Der eine spricht: „Bei Mondenschein,
da fliegt der Tommy doch nicht ein."
Der andre sagt: „Bei schlechter Sicht,
da kommt der Tommy sicher nicht."
Du höre nicht auf das Gequatsche,
denk lieber an die Feuerpatsche
und an das andre Löschgerät,
ob alles auch in Ordnung geht.

Die Spritze ist vielleicht entzwei.
Vielleicht muß noch mehr Sand herbei.
Ist Wasser in der Badewanne,
im Bottich, Eimer, in der Kanne?
Wenn nicht, dann gieß es gleich hinein,
denn du mußt stets gerüstet sein.

Ziehst du dich aus, dann sei so nett
und stell die Stiefel schön vors Bett,
leg deine Kleider griffbereit,
so daß du auch bei Dunkelheit
in einer möglichst kurzen Frist
vollständig angezogen bist.

Geht's dann hinunter in den Keller,
nimm das Gepäck, bei dir geht's schneller.
Soll sich damit die Mutti plagen?
Du kannst ja auch den Kleinen tragen.
Denn darauf kommt es heute an,
daß jeder hilft, so gut er kann.

Wenn es dann schießt, wenn es dann kracht,
dann keinen großen Lärm gemacht,
dann seid auf Draht und auf dem Kien
und haltet Ruh' und Disziplin!

Der Terror trifft uns halb so hart,
wenn jeder Disziplin bewahrt!

46 *Flugblatt zur Bekanntmachung von Luftschutzmaßnahmen*

Fluchtversuch und Ergreifung

Zwei der drei kanadischen Crewmitglieder, William Chandler und Keith Wynn, überlebten den Absturz. Im Gegensatz zum Heckschützen Keith Wynn, wurde William Chandler nicht sofort gefasst. Die nachfolgenden Auszüge aus seinem Tagebuch geben seine Erlebnisse während der Flucht und der Ergreifung wieder:

„ ... Ich landete um 1:15 Uhr. Nach ein paar Minuten sammelte ich meinen Fallschirm ein und zog meine Gurte und den Fliegeranzug aus. Ein kleiner Hund von einem 20 feet [6 m] entfernten Haus fing an, mich anzubellen. Die Bewohner riefen ihn schließlich rein. Es war fast 2 Uhr, als ich mich weiter fortbewegte. Ich warf meine ganze Ausrüstung in einen Fluss und machte mich in südwestliche Richtung davon. [...] Die ganze Zeit konnte ich Züge um mich herum hören. Ich hatte mich entschieden, zu einer Bahnlinie zu gehen und dann auf den ersten Zug zu springen, der vorbei kommen würde. Bis ungefähr 4:30 Uhr bewegte ich mich anhand der Sterne fort, dann kamen Wolken auf, so dass ich meine Fluchtausrüstung neben einer Bahnlinie öffnete und meinen Kompass herausnahm. Ich ging die Bahnlinie entlang, bis ich zu einer Hauptlinie kam, der ich dann

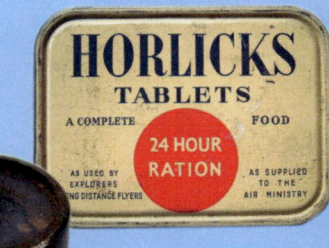

Fluchtausrüstung
Die Fluchtausrüstung der Crew bestand u.a. aus:
· Horlicks Malzmilch-Tabletten
· Barley Zuckerbonbons
· Kondensmilch
· Schokolade
· Kaugummi
· Karten aus Seide
· Streichhölzer
· kleiner Kompass
· magnetisierte Rasierklinge, als Kompassnadel
· Heliograph (zum Signalisieren mittels Reflexion)
· wasserreinigende Tabletten
· Wasserflasche aus Gummi
· Nadel, Faden zum Angeln
· Rasierer
· Seife

47 Horlicks Tablettendose 48 Mini-Kompass
49 Dose der RAF für weitere Rationen

in westlicher Richtung zu Fuß folgte. Gegen 5 Uhr kam ich durch einen weiteren kleinen Ort und wartete am westlichen Rand, um auf einen vorbeifahrenden Zug aufzuspringen. Es gab zwei Hauptgleise, die in westliche Richtung verliefen. Ich wartete eine Weile am südlichen Gleis, wechselte dann zum Nördlichen, da dort mehr Verkehr war. Zu diesem Zeitpunkt entfernte ich meine Rangabzeichen, Bombenschützen-Abzeichen etc. [...] Ich wurde beinahe gefasst, als Bahnarbeiter eine Zugmaschine

50 Abzeichen eines Bombenschützen der RCAF

an eine Reihe von Wagons anschlossen. Um 6 Uhr verließ ich mein Versteck und rannte zu einem in westliche Richtung fahrenden Frachtzug, der aus einer Reihe Flachwagen bestand. Es gab keine Rufe von Arbeitern und es wurden keine Schüsse abgefeuert. Am Ende des Flachwagens war ein kleines ungefähr 2,5 feet [0,76 m] großes und sechs feet [1,82 m] hohes Abteil mit einem Sitz darin. Ich öffnete die Tür, ging rein und setze mich. Der Zug fuhr weiter westwärts.

Ich hatte immer noch das Problem herauszufinden, wo ich in Deutschland war. Ich durchsuchte nun meine Fluchtausrüstung genauer und schaute mir meine Karten an. Die kleinen Orte, durch die ich durchgekommen war, waren nicht auf der Karte verzeichnet, genauso wenig die Orte an der Bahnlinie. Mein Zug fuhr langsam mit häufigen Stopps. Um 7 Uhr hatte ich ca. 15 Meilen [24,1 km] zurückgelegt. Ich hatte vor, den Zug an einem passenden Ort zu verlassen, sobald ich meinen Standort festgelegt hatte und mich dann bis Mitternacht zu verstecken. Unerwarteterweise rollte der Frachtzug dann in Düsseldorf ein, stoppte und die Lok fuhr fort. Ich entschied, dass es das Beste sei, versteckt zu bleiben, bis sich eine gute Gelegenheit bot, auf einen anderen Zug aufzuspringen. Der Zug hatte eine nördliche Richtung eingeschlagen, als er in die Stadt einfuhr. Es war sehr kühl in diesen frühen Morgenstunden und ich sehnte mich danach, heraus in die Sonne zu kommen. [...]

Dienstag, 23. Mai 1944: Gegen 9:30 Uhr fand mich ein jerry [deutscher] Bahnarbeiter offenbar halb schlafend. [...] Als er mich sah, sprach er mich mehrfach an, aber ich tat so, als ob ich schliefe. Ich war nicht sicher, ob er mich rief oder einen anderen Arbeiter. Er ging weg und der Zug fuhr sehr langsam weiter in nördliche Richtung. Ich war sehr beruhigt, befand ich mich doch mitten in den Düsseldorfer Eisenbahnanlagen und ich dachte, dass jede Richtung besser sei, als hier. Dies war jedoch nur ein oder zwei Minuten, bevor eine Wache mit einem anderen Arbeiter auf den fahrenden Zug kletterte. [...] Offenbar hatte er Angst gehabt, alleine auf mich zuzugehen, kam jetzt aber vor und öffnete die Tür. Zuerst versuchte ich wegzugehen, so als ob ich beim unerlaubten Betreten erwischt worden wäre und wurde dann aufgefordert, den Zug zu verlassen. Er packte mich und

51 Fluchtkarte aus Seide

deutete an, dass ich nicht weglaufen sollte, indem er mir den Arm verdrehte. Da es nun zwei waren, blieb ich. Er bestand darauf, mich zu durchsuchen und gab alles zurück. Am Ende sagte er „good luck" und schüttelte mir die Hand. Dies überraschte mich und ich versuchte, so viel wie möglich von ihm herauszubekommen. Zuerst versuchte ich herauszubekommen, was er mit mir vorhatte. Er sagte, dass er mich nicht der Gestapo übergeben würde. Dann versuchte ich, Hilfe zu bekommen, um aus Düsseldorf heraus in Richtung Frankreich zu gelangen, aber ohne Erfolg. Dann schienen die beiden weggehen zu wollen. So ging ich zu meinem Versteck zurück. Die Bahnarbeiter gingen jedoch nicht und wenige Minuten später kam mein Entdecker zurück und brachte mich zum „Sheff". [...]

Es stellte sich heraus, dass dies der Oberaufseher der Bahn war, in dessen Büro ich erneut durchsucht wurde, wohl eher aus Neugierde als alles andere. Ungefähr eine dreiviertel Stunde später übernahm mich ein Polizist. Ich wurde zu einem Büro gegenüber des Düsseldorfer Bahnhofsgebäudes gebracht. Hier wurde ich wieder durchsucht. Meine Besitztümer wurden mir zurückgegeben. Gegen 11 Uhr wurde ich über die Bahngleise zum Bahnhof und in ein unterirdisches Armeebüro gebracht. Offensichtlich war ich nun in den Händen des deutschen Militärs. [...]

Düsseldorf. Bahnhofsvorplatz

52 Düsseldorf Hauptbahnhof um 1942

Um 19 Uhr kam ein Oberfeldwebel der Luftwaffe herein und ging in das Büro. Einige Minuten später brachte man mir ein mit Suppe gefülltes Kochgeschirr. Dies war das erste Essen für mich seit 24 Stunden. Sie war sehr dick und schleimig. Man sagte mir, dass ich mich beeilen sollte - ich ließ das Meiste der Suppe zurück.

Im Laufe des Tages wurde ich für wenige Minuten im Büro alleine gelassen und ich dachte ernsthaft daran, aus der Tür herauszugehen. Aber was gab es für eine Hoffnung, von einem überfüllten Bahnhof in Uniform zu fliehen? ... "

Nach dem Aufenthalt in Düsseldorf wurden die Kriegsgefangenen zum Durchgangslager in Oberursel gebracht. Der Bombenschütze William Chandler berichtet weiter:

„ ... Dann führte mich ein Unteroffizier der Luftwaffe aus dem Bahnhof zu einem wartenden LKW. Hinten auf einem Stapel Kisten sitzend - es waren in Wirklichkeit Särge - war Sgt. Keith Wynn. Wir wurden durch Düsseldorf, welches aus lauter Ruinen bestand, zu einem Friedhof der Luftwaffe gefahren. Wir sortierten zwei Särge heraus und trugen sie zu den Gräbern. Einer wurde geöffnet und ich wurde gefragt, ob ich den Körper kennen würde. Ich antwortete „nein"! Auf der Außenseite stand Sgt. Notley geschrieben. Sgt. Wynn

53 *Gräber alliierter Flieger auf dem Nordfriedhof Düsseldorf*

sagte, dass sie den Namen in seinen Stiefeln gefunden hätten. Später öffnete ich den anderen Sarg. Dort war kein Körper, sondern nur ein stark zerrissener gelber Fliegeranzug. Uns wurden die zahlreichen britischen und amerikanischen Gräber gezeigt. Dort waren ebenso viele Gräber der Luftwaffe.[...]

Am späten Nachmittag wurden wir von zwei Wachen vom Lager der Luftwaffe abgeholt. Wir fuhren durch Düsseldorf mit der Straßenbahn. Die Fahrt durch die Stadt war rund 2 Meilen [2,4 km] lang. Während dessen sahen wir nur wenige Gebäude, die nicht von Bomben beschädigt waren. [...] Unser Ziel war der Bahnhof, wo ich am Tag zuvor inhaftiert worden war (Dienstag). Fahrkarten wurden für unsere Wache ausgestellt und wir gingen hinein. Abseits der Öffentlichkeit warteten wir auf unseren Zug. Nach ungefähr einer Stunde begann unsere Reise.

54 *Zerstörtes Köln - Kölner Dom und Hauptbahnhof*

Köln war die erste Stadt, durch die wir fuhren. Außer dem Dom war alles um den Bahnhof herum vollkommen zerstört. Unsere Reise ging weiter den Rhein entlang, wirklich eine wunderschöne Reise.[...] Wir kamen ungefähr um 1 Uhr am Morgen in Frankfurt an. Hier stiegen wir aus und warteten bis morgens auf einen lokalen Zug. [...] "[37]

Verhör- und Durchgangslager

Verhör- und Durchgangslager Dulag Oberursel

Alle alliierten Flieger, die in deutsche Kriegsgefangenschaft gerieten, kamen unabhängig vom Ort der Gefangennahme zur Registrierung und Befragung in das Durchgangslager (Dulag) Oberursel bzw. Wetzlar. Oberursel liegt 12 km nordwestlich von Frankfurt.

In Oberursel wurden bereits im Dezember 1939 französische und britische Gefangene untergebracht. Diese blieben in der Regel nur wenige Tage. Die Zahl der Gefangenen, die das Lager durchliefen, nahm im Laufe des Krieges stark zu. 1940 waren es rund 800 Gefangene. 1944 waren es 29.000. Aufgrund dieser starken Zunahme kam das Dulag Oberursel schnell an seine Kapazitätsgrenzen. Seit Herbst 1943 war das Lager allein als Verhör- und Auswertestelle tätig. Als Durchgangslager diente kurze Zeit später das Dulag Luft Wetzlar, wohin die Flieger nach den Verhören in Oberursel gebracht wurden. Unmittelbar nach der Ankunft im Dulag wurden die Gefangenen registriert und sollten einen Fragebogen ausfüllen, welcher weit über die drei zulässigen Fragen der Genfer Konvention hinausging. Neben den erlaubten Fragen nach Name, Rang und Dienstnummer wurden weitere 26 Fragen gestellt, u.a. nach den Umständen des Absturzes, Beruf und Luftwaffenzugehörigkeit. Um die nachrichtendienstlichen Hintergründe zu verschleiern, waren die Fragebögen mit dem Kopf des Internationalen Roten Kreuzes versehen. Auf dieses Täuschungsmanöver fielen die Kriegsgefangenen jedoch nicht herein. Anschließend kamen die Kriegsgefangenen in Einzelzellen (cooler-Kühler). An mehreren Tagen wurden sie vernommen.

Ziel der Vernehmungen war es, möglichst viele Informationen über die gegnerische Strategie, die Funktionsweise der Navigationshilfen, die Festlegung der Zielorte u.v.a.m. zu erhalten. Die Informationen wurden in den Nachbargebäuden der BUNA (Beute und- Nachrichtenauswertestelle) analysiert. Erkenntnisse wurden täglich nach Berlin versandt.

Ehemalige Kriegsgefangene berichten, dass die deutschen Offiziere der Luftwaffe ihren Gefangenen gegenüber mit Respekt begegneten, waren sie doch von derselben Waffengattung. Körperliche Gewalt scheint bei den Befragungen nur selten angewandt worden zu sein. Die Befrager stellten eher auf geschickte psychologische Verhörtaktiken ab. Dennoch fand Ende 1946 in Wuppertal vor dem britischen Kriegsgericht der „Dulag Luft Prozess" statt. Hierbei wurde den Angeklagten u.a. vorgeworfen, den Gefangenen bei lückenhafter Identifikation mit der Überstellung zur Gestapo gedroht zu haben, was einer Todesdrohung gleichkam.[38]

Nach den Vernehmungen kamen die Gefangenen gruppenweise in die Stammlager der Luftwaffe. Dies waren u.a. die Lager Barth (westlich von Stralsund) und die beiden in Polen gelegenen Lager Sagan (östlich von Cottbus) und Bankau (90 km südöstlich von Breslau).

Am 25.5.1944 kamen William Chandler und Keith Wynn in Oberursel an. William Chandler berichtet über die Ereignisse in Oberursel:

„Donnerstag 25. Mai. 1944: Gegen sechs Uhr am Morgen trafen wir eine Gruppe amerikanischer Flieger und reisten mit ihnen in einem Regionalzug nach Oberursel. Wie zuvor fuhren wir in einem eigenen Abteil. Wir kamen gegen 7 Uhr an und begaben uns mit der Straßenbahn zum Verhörlager. Dies war eine Ansammlung von Holzbaracken und Stacheldraht. Mehrere Baracken befanden sich im Aufbau. Hier wurden wir von unseren Wachen übergeben.*

55 *Durchgangslager Oberursel 1942 - Blick von der Hohemarkstraße zum Lager, links die „Vernehmungs-Enklave" und rechts die Baracken des Durchgangslagers.*

Zuerst wurden wir von einem Feldwebel empfangen, der unseren Namen, Rang und unsere Nummer notierte. Dann mussten wir uns ausziehen und er untersuchte unsere Kleidung. Alle Teile wurden weggenommen. Unmittelbar danach wurden wir zu einem Gebäude gebracht, welches aus Hunderten [es waren rund 120] Zellen bestand. Keith Wynn wurde in eine Zelle gesteckt und das war das letzte Mal, dass ich ihn sah. Ich selbst wurde auch zu einem eigenen Raum gebracht und dort allein gelassen, um mich einzurichten. Der Raum war mit einem Stuhl, einem komplett hölzernen Bett und einem mit Holzspänen gefüllten Strohsack, welche genauso gut wie Stroh waren, ausgestattet. Ein Laken wurde mir später gegeben. Es gab kein Fenster, aber ein Licht brannte den ganzen Tag [...].*

56 *Zelle im cooler-Gebäude*

57 *Luftaufnahme des Lagers Oberursel*

Im Laufe des Morgens kam ein älterer Herr mit einem auszufüllenden Formular in mein Zimmer. Ich schrieb meinen Namen, Rang und meine Nummer und meinen Dienst (RCAF) in die entsprechenden Stellen. Alle anderen Fragen beantwortete ich mit einem Strich. Am Ende schrieb ich „Ich verweigere weitere Informationen zu geben. [...]"

Während des Nachmittags wurde ich von einer Wache herausgerufen und zu einem Vernehmer gebracht. Er sprach recht flüssig Englisch und war sehr höflich zu mir. Er stellte Fragen wie: Name, Rang, Nummer, Dienst, Staffel, Gruppe, Name und Ort des Lagers, Bombenladung, Ziel, PFF Markie-

rer [Pathfinder], Flak oder Flugroute zum Ziel, Namen der anderen Mitglieder meiner Crew und ein paar andere ähnliche Fragen. Als er merkte, dass ich diese Fragen nicht beantworten würde, nannte er mir seine Antworten auf die Fragen. Meine Identität zu bestätigen war scheinbar eine größere Sache.[...]

58 *Dulag Oberursel – Blick auf die Baracken von einem Wachturm aus*

Freitag 26.5.: [...] Nachmittags wurde ich erneut zu demselben Befrager gebracht. Die Fragen, die er stellte, waren fast die gleichen wie am Vortag. Als ich mich weigerte, seine Fragen zu beantworten, deutete er an, dass er mich der Gestapo übergeben würde, um meine Identität zu bestätigen. Die Befragung dauerte nicht lange. Er rauchte, bot mir aber keine Zigarette an.

Samstag 27.5.: Der Tag verlief dem Vortag entsprechend. Der Befrager sagte diesmal, dass er die Antworten zu drei Fragen haben möchte, dann könnte ich gehen. Diese waren: meine Bombenladung, welche Farbe die Marker [der Pathfinder] haben und ob mein Ziel Dortmund oder Braunschweig war.

Sonntag 28.5.: An diesem Tag wurde ich nicht befragt, so verbrachte ich den Tag in meiner Zelle. Mittlerweile hatte ich recht viel Gewicht verloren.

Montag 29.5.: Kurz nach dem Frühstück wurde ich zur Befragung herausgerufen. Diesmal war nur eine Frage übrig: „Was war mein Ziel?". Nachdem er davon überzeugt war, dass ich ihm keine Information geben würde, sagte er, dass dies nichts machen würde, ich würde das Lager heute sowieso verlassen.

Ungefähr eine Stunde später wurde ich aufgefordert, meine Zelle aufzuräumen und mich fertigzumachen. Meine persönlichen Sachen wurden mir zurückgegeben. Dann wurden wir mit sechs Amerikanern aus dem Lager zu einem Durchgangslager ca. 100 yards [90 m] entfernt geführt. Hier waren wir sehr dankbar für Dinge wie frische Luft, Sonnenschein, einen Platz zum Waschen und einem Raum zu haben, um sich zu bewegen. Am meisten genossen wir die Gesellschaft anderer Leute.[...]

Dienstag 30.5.: An diesem Tag verließen einige Männer das Lager Oberursel, aber nicht die Kameraden, mit denen ich zusammen war. Amerikanische Bomber wurden wieder beim Überflug gesichtet. Am Vortag hatte es einen Angriff gegeben."

Mittwoch 31.5.: Früh am Morgen mussten wir zum Bahnhof marschieren. Wir kamen gegen Mittag in Wetzlar an und marschierten zum Dulag Luft Durchgangslager. [...] Dort waren nur wenige Briten und Keith Wynn war einer von ihnen. Es gab nur drei oder vier Kanadier. Keith hatte die Möglichkeit, in ein Offizierslager versetzt zu werden, abgelehnt. Man behielt ihn nur zwei Tage im Dulag Luft [Oberursel] [...]. Von dort kam er direkt zu diesem Durchgangslager bei Wetzlar.[...] "[39]

Durchgangslager (Dulag) Wetzlar

Nachdem das Lager in Oberursel nicht mehr genug Platz bot, wurde ein Lager in der Frankfurter Innenstadt angelegt. Die Alliierten zerstörten es jedoch im März 1944 bei einem Luftangriff auf Frankfurt. Daraufhin wurde das Durchgangslager in Wetzlar im Mai 1944 in Betrieb genommen. Es war großzügig ausgebaut. Rund 80 deutsche Offiziere, die über entsprechende Englischkenntnisse verfügten, waren an den Verhören der täglich eintreffenden Kriegsgefangenen beteiligt. Wie die Gebäude im Lager Oberursel waren auch die des Lagers Wetzlar mit den Buchstaben „POW" (Prisoner of War) versehen, damit die Alliierten diesen Bereich nicht bombardieren. Dies führte dazu, dass bei Alarm Teile der Wetzlarer Bevölkerung zum Dulag eilten, um einer Bombardierung zu entgehen.[40] Ab Ende März 1945 diente es als Lager für deutsche Kriegsgefangene.

59 *Luftbild des Dulag Wetzlar 1945*

60 Dulag Wetzlar 1945

Im Dulag Wetzlar wurden die Kriegsgefangenen registriert, medizinisch untersucht und mit Paketen des International Roten Kreuzes versorgt.

Kriegsgefangenenlager Stalag Luft 7 Bankau

Nach einem Aufenthalt von wenigen Tagen in Wetzlar, wurden William Chandler und Keith Wynn am 4.6.1944 zum Kriegsgefangenenlager Stalag Luft 7 in der Nähe von Bankau in Polen gebracht. Sie kamen am 6.6.1944 an.[41] William Chandler sollte hier 227 Tage seines Lebens verbringen. Er und andere Gefangene mussten das Camp organisieren, da sie die ersten in diesem neu gebauten Lager waren. Keith Wynn und William Chandler lebten in einer Hütte gemeinsam mit vier Mitgliedern einer anderen Crew. Sie blieben zusammen, bis sie das Lager im Januar 1945 verließen.

Stalag Luft 7 – Bankau, Polen

Alliierte Flieger wurden u.a. im Stammlager Luft 7 in Bankau, Oberschlesien untergebracht. Das Lager wurde am 6.6.1944 eröffnet, als der erste „Trupp" Kriegsgefangener das Lager erreichte. Hunderte alliierte Flieger wurden hier bewacht. Sie flogen ursprünglich 34 unterschiedliche Flugzeugtypen.[42] Das Lager wurde am 19.1.1945 aufgegeben, als die russische Armee weiter vorrückte. Rund 1.500 Gefangene machten sich auf den Weg nach Luckenwalde, ein lebensbedrohlicher Marsch, dem „Hunger"- bzw. „Todesmarsch".

Im Lager war es häufig langweilig und monoton. Um dies zu bewältigen, wurden Spiele wie Softball, Fußball oder Karten gespielt und es wurden diverse Clubs, wie der „Debattierclub" oder der „Canadian Club" gegründet. Die Kriegsgefangenen diskutierten verschiedenste Themen, u.a. über „Einwanderung" und „Arbeit nach dem Krieg". Die Gefangenen schickten viele Briefe nach Hause, an Verwandte und Freunde und sie warteten sehnlichst darauf, etwas von zu Hause zu hören. William Chandler erhielt seinen ersten Brief am 16.10.1944. Seine Mutter hatte ihn am 9.7.1944 geschrieben. Er hatte 14 Wochen gebraucht, um zu seinem Empfänger zu gelangen. Regelmäßige Messen wurden abgehalten, was gut für die Moral der Gefangenen war. Pakete des roten Kreuzes wurden begierig er-

61 Luftbild des Stammlagers Stalag Luft 7 bei Bankau vom 5.9.1944, zu einer Zeit, als die Flieger Chandler und Wynn dort untergebracht waren; im oberen Bereich sind die kleinen alten Baracken und im unteren Bereich die Bauten des neuen Bereiches zu erkennen

wartet. Zigaretten waren die Währung für diverse Tauschgeschäfte. Neuigkeiten über den Verlauf des Krieges waren von hohem Interesse. Diese wurden nach dem Eintreffen neuer Gefangener sofort erfragt und weitergegeben. Die Moral stieg, als man von den Fortschritten der russischen Armee hörte.[43]

Am 24.8.1944 besuchte das Internationale Rote Kreuz das Stammlager Luft 7 in Bankau, um sich über die dortigen Verhältnisse zu informieren. Zu dieser Zeit hielten sich auch William Chandler und Keith Wynn dort auf. Nachfolgend Auszüge aus dem Bericht[44]:

Belegung: *1.028 (Steigerung um 50 Gefangene pro Woche), davon: 738 Briten, 172 Kanadier, 6 Rhodesier, 12 Südafrikaner, 5 Amerikaner, 19 Neuseeländer, 69 Australier, 3 Holländer, 4 Franzosen*

Situation und Unterbringung: *Das Lager liegt in einem bewaldeten Gebiet. Unglücklicherweise wurde es bisher nicht vollständig aufgebaut. Seit der Errichtung des Lagers im Juni 1944 werden die gleichen einfachen Baracken genutzt. Kleine Baracken aus Hartfaserplatten und geteertem Stoff, für den Sommer geeignet, aber nicht für den Winter. Die Gefangenen leben in Gruppen von 6 oder 7. Sie schlafen auf dem Boden auf Strohsäcken, die unzureichend gefüllt sind. Es gibt nicht genug Decken und Licht wurde bisher nicht installiert. Die Latrinen sind sehr primitiv und es gibt nur 4 Wasser-*

hähne. Die Pumpe, die in der Mitte des Camps installiert ist, ist defekt. Der erbärmliche Zustand wird sich verbessern, wenn die Gefangenen den neuen Teil des Camps beziehen können, wo neue Standardbaracken sind, passend für den Winter. Die hygienischen Verhältnisse werden auch besser. Der Wechsel zum neuen Camp war seit einiger Zeit versprochen, wozu es aber aufgrund der fehlenden Arbeitskräfte für die Fertigstellung der Gebäude nicht kam. Der Kommandant hofft, dass der Wechsel in ein oder zwei Wochen stattfinden wird. Die Gefangenen sind skeptisch, da es bereits öfter schon Termine gab.

Lebensmittel: Die Küche ist immer noch nicht installiert, mobile Küchen werden stattdessen genutzt. Die Gefangenen beklagen, dass häufig Utensilien fehlen und dass sie Messer und Löffel benötigen. Sie würden sich darüber freuen, die nötige Ausstattung von Genf zu erhalten. [...] Die Gefangenen haben keine Einrichtungen, um das Essen des Roten Kreuzes zu kochen. Sie kochen in alten Konservendosen [...] und haben oft nur Papier oder Stroh, welches als Brennmaterial dient. Auch hier wird sich die Situation bessern, wenn der Umzug in das neue Lager erfolgt.

Kleidung: Die Frage der Kleidung ist in diesem Air Force Lager von allergrößter Wichtigkeit. Häufig kommen die Flieger mit nichts im Camp an. [...] Bis zu diesem Besuch ist keine Kleidung in diesem Camp angekommen. Glücklicherweise erhielt der Kommandant während des Besuches die Nachricht, dass drei Pakete im Lager eingetroffen waren. Der Vertrauensmann möchte, dass man in Genf erkennt, dass sein Lager in einer besonderen Situation hinsichtlich der Kleidung ist. Er möchte gerne möglichst viele Kampfanzüge bekommen, ebenso Schuhe und Unterwäsche. Er möchte auch für die Reparatur von Kleidung und Schuhen relevantes Material erhalten. Eine große Menge an Decken müssen, falls möglich, geschickt werden. Die Gefangenen möchten gerne eine kleine Reserve davon für die Krankenstation vorrätig haben.

Paketsammlung: Hinsichtlich der Sammlung von Paketen [des IRC] darf nicht vergessen werden, dass die Stärke des Lagers um 50 Gefangene je Woche steigt. Der generelle Befehl, dass die Gefangenen unverzüglich alle Pakete verzehren sollen, wodurch ihnen alle Reserven entzogen würden, wurde bis jetzt nicht angewendet. Die Gefahr besteht dennoch. Die Reserven des Lagers werden in einem nahegelegenen Lager aufbewahrt. Der Vertrauensmann hätte die Reserven gerne im Lager oder zumindest in dem Anbau des Lagers. Dies scheint aber aus Platzgründen nicht möglich zu sein.

Reserven am Tag des Besuches: 4.042 britische, 182 amerikanische Pakete, 569 britische Diätpakete, 75 amerikanische Diätpakete, 15 medizinische und 60 britische Tabakpakete. Der Prozentsatz an Diebstählen ist gering, am meisten betroffen sind Zigaretten. Persönliche Lebensmittel oder Tabak werden nur selten empfangen.

Lebensmittelpakete des Roten Kreuzes

Lebensmittelpakete des amerikanischen, kanadischen und britischen Roten Kreuzes waren für die Kriegsgefangenen lebenswichtig. Im Laufe des Krieges hatte das britische Rote Kreuz über 20 Millionen Pakete gepackt. Diese wurden über Portugal bzw. Frankreich nach Genf transportiert und von dort aus vom IRC an die Lager verteilt. Ein Paket des britischen Roten Kreuzes enthielt in der Regel Folgendes:

62 Paket des britischen roten Kreuzes

¼ lb Paket Tee	Dose Trockenei		
Dose Eingemachtes	Dose Margarine		
Dose Kakao-Pulver	Tafel Schokolade	Dose Zucker	Dose Gemüse
Dose Pudding	Dose Fleischröllchen	Dose Kekse	Stück Seife
Dose Schmelzkäse	Dose Kondensmilch	Dose Sardinen o. Heringe	
Dose mit 50 Zigaretten oder Tabak[45]			

Kantine: Es gibt keine. Es gibt keine Möglichkeit eine Kantine zu eröffnen und es gibt kein Bier. Die Flieger kommen ohne jegliche Toilettenartikel im Lager an. Folgendes sollte baldmöglichst geschickt werden: Zahnbürsten und -pasta, Schuhbürsten und -politur, Streichhölzer, Spiegel, Notizbücher, Bleistifte, Rasierklingen und Scheren. Diese Dinge werden dringend im Lager benötigt und alles muss dafür getan werden, dass diese geschickt werden.

Post: Postalische Verzögerungen variieren. Häufig kommen Briefe gar nicht an. Das Lager hat keine Formulare für Eilmeldungen. Der Kommandant hat die sofortige Verteilung angewiesen, sobald diese im Lager eintreffen.

Disziplin: Eine der kleinen Hütten dient als Gefängnis. Dort sind drei Männer zu 10 Tagen Haft bestraft worden. Sie sind für drei Tage zu Brot und Wasser verurteilt worden. Am vierten Tag werden sie die normale Lagerration erhalten. Nachts patrouillieren Wachen mit Wachhunden im Lager. Die Wachhunde werden an der Leine geführt. Kein Gefangener wurde verletzt. Bisher gab es keine Fluchtversuche.

Medizinische Versorgung: Es ist für ein Lager von mehr als 1.000 überraschend, dass es keine Ärzte, Zahnärzte oder Sanitätspersonal gibt. Die Gefangenen sind mit der Hilfe des deutschen Arztes zufrieden, fordern aber eindringlich einen britischen Arzt und 2 Personen vom britischen Sanitätspersonal. In der Krankenstation sind 17 leichte Fälle.

Während der Hitzewellen dieses Sommers brachen viele Fälle (30 oder 40) von Ruhr aus. Dies kann durch das schlechte Wasser, die schlechten sanitären Zustände und die schlecht gebauten Latrinen erklärt werden. Der deutsche Kommandant sagte, dass dies für die deutschen Truppen und die Zivilbevölkerung in diesem Distrikt ebenso der Fall war.

Freizeit, intellektuelle und seelische Bedürfnisse: Es gibt keinen Priester. Ein Unteroffizier und Theologiestudent agiert als Geistlicher. Die Bücherei ist gut ausgestattet (rund 25.000 Bücher). Alle Bücher werden genutzt. Bitte, wenn möglich schicken: Französische, italienische, spanische und russische Grammatiken, Stenographie-Kurse, [...], eine englische Grammatik (für die Gaullisten), Tafeln, Kreide, Bleistifte, Papier, Zeichenpapier, Tinte, etc. und Rechenschieber.

Viele der neu angekommenen Gefangenen nehmen ihre Gefangenschaft schwer und haben große Anpassungsschwierigkeiten. Für sie wäre ein Paket mit Material für Handarbeiten nützlich (Stickarbeit, Holz schnitzen etc.). Schickt Spiele (Karten, Solitär, Dame). Schickt soviel Sportartikel wie möglich. Tischtennisbälle werden am dringendsten benötigt.

Hinsichtlich Musikinstrumente haben die Gefangenen nur Akkordions. Jegliche Instrumente wären gut. Schickt auch Musik und Notenpapier.

Es gibt kein Theater im Lager. Die Gefangenen würden gerne ein paar Stücke erhalten. Aber es gibt einen Befehl, der das Aufführen von Spielen in allen Kriegsgefangenenlagern Deutschlands verbietet. Diese Restriktion von allen theaterartigen Aufführungen stimmt mit der Verdrängung von allen Theatern in Deutschland überein.

Dieses Lager hat einen 16 mm Film-/Sound-Projektor, aber keinen Film.

Interview mit dem Vertrauensmann: Der Delegierte konnte frei mit dem Vertrauensmann und Lagerleiter sprechen. Das Gespräch handelte hauptsächlich von dem neuen Verbot, Reserven zu bilden. [...]

Zusammenfassung: Ungeachtet aller Dinge war das Lager für den Sommer in Ordnung und die Gefangenen sind zufrieden. Die kleinen Baracken, unterteilt in Gruppen zu 6 oder 7 Männern, entsprechen dem Geschmack der Briten. [...]

Hungermarsch und Befreiung

Als die Russen weiter vorrückten, waren die Deutschen gezwungen, das Lager in Bankau aufzugeben. Die Gefangenen verließen mit ihren Bewachern das Lager am 19.1.1945. Unter grausamen Bedingungen mussten sie im Laufe der folgenden 21 Tage rund 256 km bei Temperaturen von -20°C, wenig Nahrung und schlechter Bekleidung zurücklegen.[46] Durchfälle und andere Beschwerden schwächten sie noch mehr. All dies wurde von der Angst begleitet, erschossen zu werden.

63 Hungermarsch - Kriegsgefangene bei einer Pause

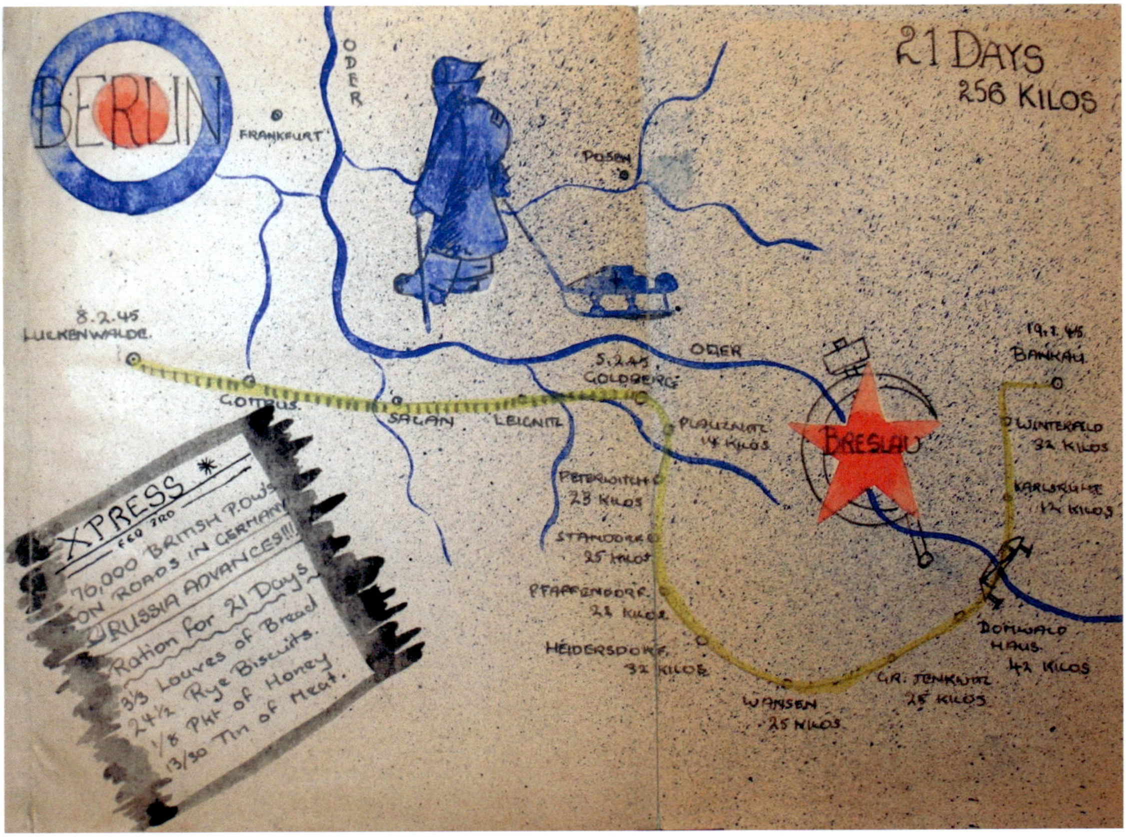

64 Karte des Hungermarsches aus dem Tagebuch von William Chandler

Die, die das Glück hatten, diesen sogenannten „Hungermarsch" oder „Todesmarsch" zu überleben, kamen am 8.2.1945 am Stalag III A in Luckenwalde, Deutschland an. 73 Tage später, am 22.4.1945, wurden sie von der Roten Armee befreit.[47]

Stalag III A in Luckenwalde

Bereits vor dem deutschen Überfall auf Polen wurde in Luckenwalde (ca. 50 km südlich von Berlin) ein Kriegsgefangenen-Mannschaftsstammlager (Stalag) geplant, in dem Kriegsgefangene, die keinen Offiziersrang besaßen, untergebracht werden sollten. Das Lager sollte 10.000 Mann aufnehmen können und galt in seinem Aufbau als Vorbild für die anderen Lager im Reichsgebiet. Es war das größte Lager im Wehrkreis III (Berlin- Brandenburg). Mitte September 1939 trafen die ersten polnischen Kriegsgefangenen ein. Sie wurden in Zelten (12 x 35 m) untergebracht und begannen mit dem Aufbau der Baracken und der anderen Gebäude, die im Winter fertiggestellt wurden. Der gesamte Komplex des Lagers umfasste etwa 100 Gebäude und 50 Zelte.

65 Zelte des Stalag III A

Über 200.000 Gefangene vieler Nationalitäten durchliefen das Stalag III A. Nach Erfassung persönlicher Daten, Registrierung und Gesundheitskontrolle wurden die meisten Gefangenen in kleinere Lager der einzelnen Arbeitskommandos für Land- und Forstwirtschaft sowie der Industrie überführt oder in andere Stammlager gebracht.

66 Zelt des Stalag III A

Nach dem bisherigen Kenntnisstand starben im Stalag III A ca. 4.000 - 5.000 Gefangene. Anfang 1945, als die Rote Armee die Oder erreichte, wurden andere Lager aufgelöst. Die Kriegsgefangenen dieser Lager kamen nach Luckenwalde, was zu einer heillosen Überfüllung und zu katastrophalen hygienischen Verhältnissen führte. Am 22. April 1945 wurde das Stalag III A von der Roten Armee befreit.[48]

67 Kriegsgefangene mit einem Bottich Suppe im Stalag Luckenwalde

Bestattung und Umbettung

Am 24.5.1944 wurden die verstorbenen Crewmitglieder auf dem Düsseldorfer Ehren-friedhof (Nordfriedhof) in den Gräbern 487-489 des Feldes 111 beerdigt. Dies wurde im Bestattungsbuch dokumentiert.

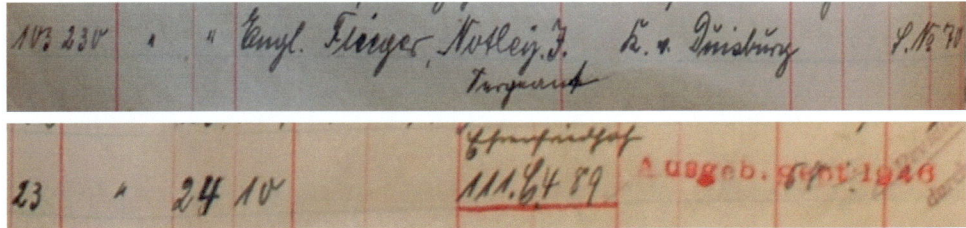

68 *Auszug aus dem Bestattungsbuch des Nordfriedhofes Düsseldorf*

Der Eintragung Nr. 103230 ist zu entnehmen, dass der englische Flieger Notley J. am 23.5.1944 verstarb und im Sarg Nr. 70 am 24.5.1944 um 10 Uhr auf dem Ehrenfriedhof Feld 111 im Grab Nr. 489 beigesetzt wurde.[49]

Bericht des Untersuchungsoffiziers der Royal Air Force

Die Royal Air Force untersuchte nach dem Krieg eingehend die Verluste, u.a. zur Iden-tifizierung der Flieger. Ein Bericht des britischen Untersuchungsoffiziers enthält weite-re Ausführungen zur Identifizierung der Crewmitglieder, da nicht alle Leichen eindeu-tig identifiziert werden konnten. Demnach zeigte ein deutsches Dokument die Namen aller sieben Crewmitglieder. Bei den Namen Flavell und Asquith war der Hinweis „Logbuch" in roter Schrift vermerkt, was darauf hindeutete, dass die Namen dem Log-buch entnommen wurden und nicht den Leichnamen selber. Eine Exhumierung ergab, dass in zwei Gräbern zwei einigermaßen vollständige Körper vorhanden waren. Im dritten Grab waren u.a. Kleidungsstücke zu finden. Der Untersuchungsoffizier kam zu dem Schluss, dass die beiden Körper der beiden Gräber als die von den Sergeants Not-ley und Shead identifiziert werden konnten. Er ging davon aus, dass die in dem anderen Grab befindlichen Überreste von den übrigen drei Crewmitgliedern Moncrieff, Flavell und Asquith stammten.[50]

William Chandler äußerte sich nach dem Krieg ebenfalls zu dem mutmaßlichen Ver-bleib seiner Crewmitglieder in einem Brief an die Royal Air Force:

„Sgt. Notley, der Bordingenieur, sollte unmittelbar nach mir aus der Maschine ge-sprungen sein. Er sollte nicht mehr als fünf Sekunden hierfür gebraucht haben. Da die Körper offenbar am Absturzort gefunden wurden, scheint die Maschine in eine heftige

Drehung geraten zu sein, als ich sie verließ. Die einzige alternative Schlussfolgerung ist, dass Sgt. Notley, der erst neunzehn war, von Angst ergriffen war und nicht abspringen konnte.[...] Ich teilte den Asquiths mit, dass die Gestapo-Agenten, die P/O [Pilot Officer] Wynn am 23. Mai 1944 verhörten, ihm einen Ring zeigten, wovon er glaubte, dass dieser Sgt. Asquith gehörte. Dieser Ring war stark verbogen. Ich erklärte Herrn und Frau Asquith, dass es in Anbetracht der wenigen Fakten wohl nicht mehr möglich wäre zu erfahren, was genau passiert ist. Auch wenn es die Möglichkeit gab, dass die drei Männer in Sicherheit abgesprungen sind, erwähnte ich dies jedoch nicht, da ich ich dies für weder ratsam noch wahrscheinlich erachtete."[51]

Umbettung - Ehrenfriedhof des British Commonwealth in Reichswald Kleve

Im Oktober 1946 wurden die Leichname umgebettet und erhielten auf dem Ehrenfriedhof des British Commonwealth in Reichswald Kleve ihre letzte Ruhestätte.

Germany 2 E-1354

GRAVES CONCENTRATION REPORT FORM

(3M. S.W. CLEVE).

The following has/have been concentrated here:—

Name (Cemetery) REICHSWALD FOREST (CLEVE) BRITISH MILITARY CEMETERY (RAF EXTN.)

(Full Map Reference) Germany 1/250.000, Sh. 2A & 3A - E 858504.

Report No. BAOR/GR/CON/3278

(1) Serial No.	(2) Regt or Corps	(3) Army No.	(4) Name & Initials	(5) Rank	(6) Date of Death	(7) K/A, D/W or Died	(8) Plot	(9) Row	(10) Grave	(11) Date of Reburial	Previous location of grave — Place & Map Ref.		Report Number*
1	RAF	1815997	CULLEN, J.A.	Sgt.	4.11.43	K/A	VII	E	14	18.10.46	DUSSELDORF NORTH CEMETERY 1/250.000, K.52 F 3296		
2	RAF	1760 42	ALCOTT, A.J.	P/O	22.5.44	K/A	VII	E	15	18.10.46	Plot 111c	Grave 475	
3	RAF	1605337	GOSS, E.A.	Sgt.	23.4.44	K/A	VII	E	16	18.10.46	" 111c	" 476	
4	RCAF	R.133764	BRILLINGER, D.S.	W.O.1	23.5.44	K/A	VII	E	17	18.10.46	" 111c	" 477	
5	RAF	1397321	JONES, H.T.	Sgt.	22.5.44	K/A	VII	E	18	18.10.46	" 111c	" 482	
6	RCAF J86942	R.152	MONCRIEFF, H.R.	P/O	23.5.44	K/A	VII	F	1	18.10.46	" 111c	" 485	
7	RAF	1894302	SHEAD, W.F.	Sgt.	23.5.44	K/A	VII	F	2	18.10.46	" 111c	" 487	
8	RAF	1867212	NOTLEY, J.	Sgt.	23.5.44	K/A	VII	F	3	18.10.46	" 111c	" 488	
9	RCAF J86614	R.159215	KIRKWOOD, D.S.	P/O	7.6.44	K/A	VII	F	4	18.10.46	" 111c	" 489	
10	RAF	175313	WILKINSON, L.E.	F/O	22.5.44	K/A	VII	F	5	19.10.46	" 111c	" 491	
11	RAF	531268	REDHEAD, N.E.	Sgt.	22.5.44	K/A	VII	F	6	19.10.46	" 111c	" 492	
12	RAAF	AUS. 423163	MOULDEN, W.R.H.	P/O	22.5.44	K/A	VII	F	7	19.10.46	" 111c	" 493	

Date 25 No v 48

Duplicate returned BAOR 6-1-49.

* Where a grave has not already been registered, a Registration Report on A.F.W. 3372 will be prepared, and attached to this FORM.

Signed [signature]

Rank & Appointment Major DADSON

1103/PDU/PSS 12.47 20M

69 Dokumentation der Umbettung der Flieger Moncrieff, Shead und Notley vom 25.11.1948

70 *Grabkreuz in den 40er Jahren auf dem Commonwealth War Friedhof Reichswald bei Kleve*

71 *Grabreihen des Britischen Ehrenfriedhofes des Commonwealth im Reichswald bei Kleve im Jahre 2014*

Auf dem Ehrenfriedhof Reichswald bei Kleve wurden vorerst Metallkreuze, später (1953) Steinstelen aufgestellt.

72 73 74 75 *Steinstelen seit den 50er Jahren auf dem britischen Ehrenfriedhof des Commonwealth im Reichswald bei Kleve*

Prospektion und Funde

Im Dezember 2013 führten uns Zeitzeugen zu einem Bereich unweit des Ortes Schöller, in dem der Lancaster Bomber abgestürzt sein soll. Dieser Bereich liegt im Naturschutzgebiet Düsseltal und ist von Wiesen und Äckern umgeben. Ein Teil des Wanderwegs „neanderland STEIG", welcher im Jahre 2014 eröffnet wurde, durchläuft die Absturzstelle. Bei einer ersten Oberflächensuche konnten wir bereits im Beisein des Zeitzeugen ein auf dem Laub liegendes Aluteil finden, welches eindeutig einem Flugzeug zuzuordnen war.

76 Erstes Fundstück (13 cm breit)

Daraufhin planten wir eine Prospektion mittels Detektor. Ziel der Prospektionen war u.a. das Auffinden von Teilen mit Nummern, durch die wir den Flugzeugtypen bestimmen konnten. Nach Abstimmung des Vorhabens mit den Eigentümern und der Unteren Landschaftsbehörde der Stadt Wuppertal, wurde mit der Prospektion begonnen.

78 Waldstück in der Nähe der Absturzstelle

77 Vertiefung, die möglicherweise durch den Absturz entstand

Überraschenderweise fanden wir im Laufe der Prospektionen zwei Bereiche mit hohen Fundkonzentrationen. Die hochinteressanten Fundstücke lagen in der Regel nur wenige Zentimeter im Erdreich. Wesentliche Funde werden nachfolgend dargestellt.

Neben den Aussagen der Zeitzeugen belegen auch Fundstücke, dass es sich bei dem abgestürzten Flugzeug um eine Lancaster handelte. Diverse Aluteile weisen aufgrund der Zerstörung unvollständige Nummern auf. Vereinzelt sind diese jedoch vollständig erhalten. Auf dem folgenden Fundstück befindet sich eine Nummer, die sich auch im Teile-Katalog der Lancaster-Maschinen wiederfindet.

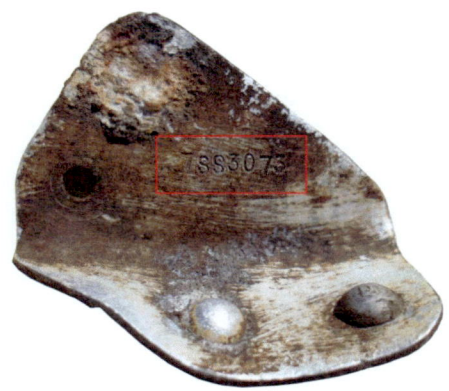

79 *Fundstück mit Nr. 6SS3072 – Halterung an der Hinterkante einer Tragfläche (4 cm breit)*

80 *Fundstück mit Nr. 7SS3073 – Halterung an diversen Stellen der Tragfläche (4 cm breit)*

81 *Fundstück mit (Tarn-) Anstrich und runden Prüfstempel mit Zahl 648 (18 cm breit)*

83 *Oberer Teil eines Schnellverschlusses*

Bei dem links abgebildeten Fundstück handelt es sich um den Druckknopf eines Schnellverschlusses (quick release), einem Bestandteil des Fallschirmes, welcher ein schnelles Lösen der Gurte ermöglichte. Der Druckknopf ist mit den Hinweisen „Turn to unlock" und „Press to release" und einem Pfeil für die Drehrichtung im Uhrzeigersinn versehen.

82 *Pilot H. Moncrieff mit Fallschirmgurten und Schnellverschluss*

Das nächste Fundstück ist eine Fliegerarmbanduhr. Sie gehörte entweder dem Piloten Harry Moncrieff oder dem Navigator Denis Asquith. Sie wurde von der Schweizer Firma Omega hergestellt und hat die Kennung 6B/159. Der aus Edelstahl bestehende Deckel der Uhr weist außen die Prägung A.M. 6B/159 und die Nummer der Uhr „8398/43" auf, was darauf schließen lässt, dass die Uhr 1943 hergestellt worden ist. „A.M. steht für „Air Ministry", „6B" für „Aircraft Navigation Equipment" und „159" für „navigation watch". Auf der Innenseite des Deckels sind die Vermerke „fond acier inoxidable", „OMEGA", „Fab. Suisse", „Swiss made" und die Seriennummer „10540330" eingestanzt. Die Uhren mussten höchst präzise arbeiten, waren sie doch für die Positionsbestimmung, Entfernungsmessung und Navigation gedacht.

84 85 86 Fliegeruhr des Piloten oder Navigators:
Uhrwerk und Ziffernblatt und Deckel Außen- und Innenseite

Rechts ist ein kleines Fundstück abgebildet, welches aus Bakelit, einem Kunststoff, besteht und auf dem die englische Krone zu erkennen ist. Bakelit wurde 1907 zum Patent angemeldet[52] und fand beim Flugzeugbau, insbesondere bei der Herstellung von Instrumententeilen Verwendung.

88 kleines (2 cm breit) Fundstück
aus Bakelit mit englischer Krone

87 Teil einer Kommu-
nikationseinheit
(5 cm hoch)

89 90   Halterung des Quer- oder Seitenruders mit Nummer A2.G1248 (15 cm breit)

91 Teile aus Plexiglas, teilweise mit schwarzer Farbe bestrichen (3-9 cm große Teile)

Die links abgebildeten Fundstücke aus Plexiglas (Plexiglas gibt es seit 1928[53]) stammen möglicherweise von der Verkleidung der Radaranlage, die auf der Unterseite des Rumpfes installiert war. Eine weitere Möglichkeit sind einige Fenster am Rumpf entlang. In beiden Fällen wurde das Plexiglas den umliegenden Flächen entsprechend zu Tarnzwecken schwarz gestrichen.

Bei den Prospektionen wurden auch vereinzelt Patronenhülsen gefunden. Hierbei handelt es sich um 7,7 mm Patronen, die in den acht Browning .303 Mk II Maschinengewehren des Lancaster Bombers verwendet wurden. Diese Patronen wurden von vielen Herstellern produziert. Die an der Absturzstelle gefundenen Patronenhülsen stammen aus Kanada und England.

Bedeutung der Prägung auf den Patronenböden

Patrone 1		Patrone 2	
DA	Hersteller Dominion Arsenal, Quebec, CA	**K5**	Hersteller Kynoch Kidderminster GB
/|	Eigentum der Regierung	**44**	hergestellt 1942
1942	hergestellt 1942	**B**	Brandmunition
W	panzerbrechend	**VII**	Model Nummer 7
1	Version 1	**Z**	Treibladung: Nitrocellulose

Die Lancaster NE114 der 166. Staffel

Der Militärakte von Harry Moncrieff ist zu entnehmen, dass sein Lancaster Mk. III-Bomber mit der Seriennummer NE114 und der staffelinternen Kennung AS-S in Schöller abstürzte. Die Lancaster NE114 wurde im Rahmen einer Serie von 600 Maschinen[54] vom Hersteller Avro (A.V. Roe and Company) in den Chadderton-Werken[55] hergestellt und war mit einem Rolls-Royce Merlin 38 Motor ausgestattet.

92 *Lancaster III NE114 AS-S (Zeichnung erstellt von Akhil Kadidal)*

Die Lancaster war ein schwerer viermotoriger Bomber der Royal Air Force. Er war rund 21 m lang und 6 m hoch und hatte eine Spannweite von rund 31 m. Das Leergewicht betrug ca. 16 t. Die Höchstgeschwindigkeit lag bei 448 km/h bei einer Flughöhe von 5.600 m. Mit einer Ladung von 6.350 kg Bomben hatte die Lancaster eine Reichweite von 2.675 km. Als Bewaffnung dienten der Crew acht Browning Maschinengewehre vom Kaliber .303 British (7,7 mm). Zwei davon befanden sich in der Nase der Maschine, zwei im oberen Geschützturm und vier im Heckturm.[56]

Die Lancaster NE114 wurde laut „moving card" am 6.5.1944 an die 166. Staffel ausgeliefert. 17 Tage später stürzte sie im Dienste der 166. Staffel ab. Ein Tag zuvor war sie am Angriff auf Duisburg beteiligt und hatte dieselbe Crew an Bord.

Type of Aircraft			Mark	R.A.F. Number
LANCASTER			III	NE 114
Contractor		Contract No.	Engine installed :—	
			Merlin 38.	
			Maker's airframe No. :—	
A.V.Roe.		a/c(40)		
Unit or Cat'y/Cause	Station or Contractor	Date	Authority	41 or 43 Gp. Allot.
	166 Sqdn	6.5.44	26 9/5	
Cat E (missng)		23.5.44	F.B/A0216	
S.o.C.		22.5.44	I.B.23. 190. 25/5/44	

93 *moving card der Lancaster NE114*

94 *Lancaster Mk I NN770 AS-R der 166. Staffel mit geöffneten Bombenschachtklappen*

Im nachfolgenden Auszug des Einsatzprotokollbuchs der 166. Staffel wurde dokumentiert, dass dieser Bomber am 21.5.1944, ein Tag vor dem Absturz, mit derselben Crew am Angriff auf Duisburg beteiligt war. Um 1:31 Uhr des 22.5.1944 bombardierte sie aus einer Höhe von 22.000 feet [6000 m] ein von dichten Wolken verdecktes Duisburg. Aufgrund der hohen Dichte an Flak, gaben die Crews der Alliierten dem Ruhrgebiet die Spitznamen „Happy Valley" bzw. „Land of no return".[57] Scheinbar leichtere Ziele, z.B. isoliertere Ziele, wurden „a piece of cake" (Kinderspiel) genannt.[58]

NE.114	P/S. Moncrieff, H.R.	(Can R.7522-RCAF)	22.20	03.35	Bomb load: as above.
	Sgt. Notley, J.	DUISBURG			Bombed at 01.31 hours from 22,000ft, on orange reflection
	Sgt. Chandler, W.P.(Can.R.160751-RCAF)				seen through cloud. P.F.F. marking scanty. Thick clou-
	Sgt. Asquith, D.				obscured target.
	Sgt. Flavell, S.				
	Sgt. Wynn, C.K.(Can.R.190166-RCAF)				
	Sgt. Shead, W.F.				

95 *Einsatzprotokollbuch der 166. Staffel vom 21.5.1944 – Angriff auf Duisburg am Tag vor dem Absturz*

Am Folgetag wurde sie abgeschossen. Der Verlustkarte der Maschine wurden folgende Angaben gemacht: Datum des Verlustes, Maschinentyp, Staffel, Flugplatz, Ziel, Route, Bombenladung, Crewmitglieder mit Angaben zum Verbleib (dead/believed killed). Der Bomber absolvierte nur 29 Flugstunden[59].

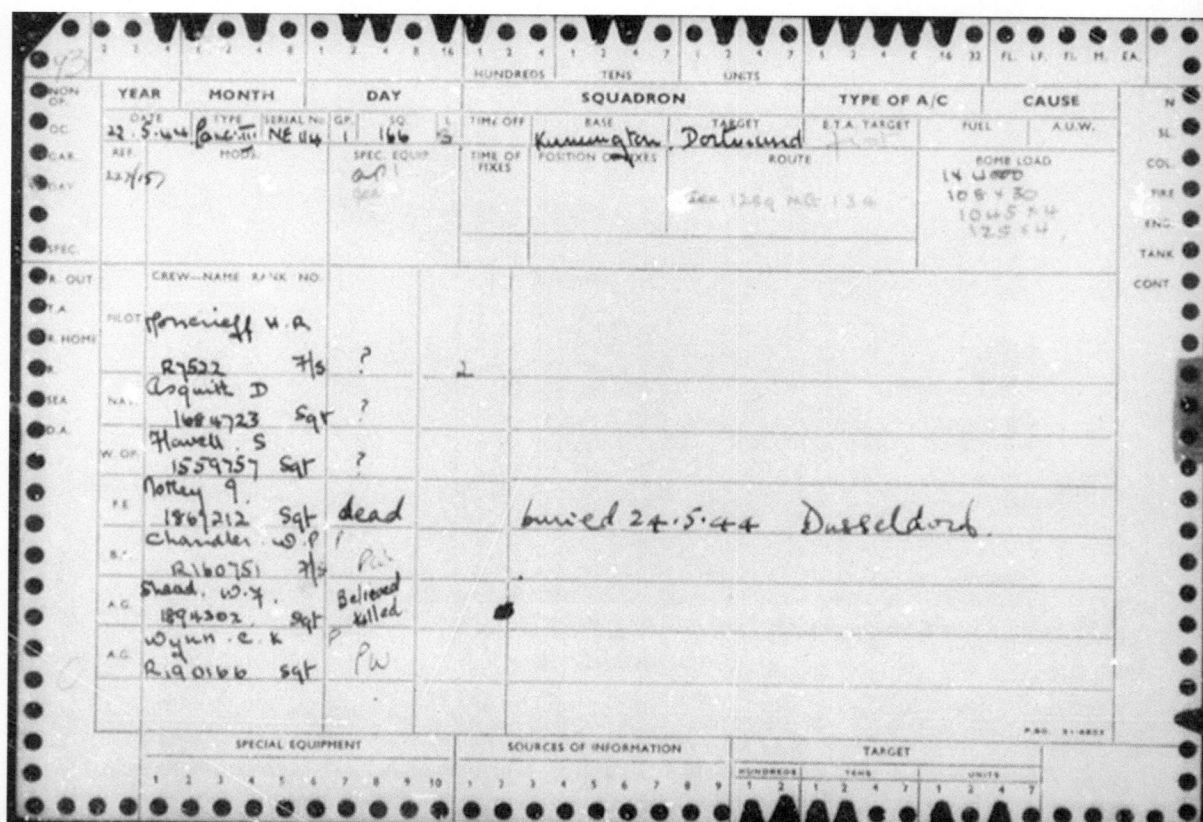

96 *Verlustkarte der Lancaster NE114*

97 Instrumententafel des Piloten

98 Platz des Funkers

99 Oberer Geschützturm

100 Hinterer Geschützturm

101 Platz des Bombenschützen

1 Sitz des 2. Piloten (gefaltet)
2 Glycol-Spray (zur Enteisung) für Windschutzscheibe
3 Motoreinstellungshebel
4 vorderer Geschützturm (2 Browning-Geschütze)
5 Auslass der Kabinenheizungsluft
6 Bombenschütze
7 Glycol-Tank
8 Bombenzielgerät
9 Glycol-Spray
10 Fenster des Bombenschützen
11 Thermometer für Außentemperatur
12 Druckkopf
13 Fallschirmausgang
14 Stauraum für Fallschirmausgang

48 Fahrgestellklappe
49 Landerad
50 Fahrgestellheber
51 Treibstofftank 2
52 Flammensichtschutz
53 Vergasereinlass
54 Treibstofftank 3
55 Sperrballon-Schutzplatte
56 Kabelschneider für Sperrballons
57 Navigationslampe
58 Lampe zur Einhaltung der Formation
59 Querruder
60 Querruderausgleichsklappe
61 Landeklappen
62 Stabantenne
63 Schacht für Leuchtmittel

A.P 2062A VOL.

15 Kamera
16 Seitenruderpedale
17 Steuersäule
18 Instrumentenbrett des Navigators
19 Glycol-Handpumpe des Piloten
20 Kraftstoffablass-Steuerung
21 Luftmengenregler
22 Stellhebel des Sitzes
23 Bombenklappenkontrollventil
24 Pilot
25 Panzerplatte des Pilotensitzes
26 A.R.I. 5033 (Funknavigationssystem)
27 A.R.I. 5033 (Funknavigationssystem)
28 Navigator
29 T.R.9 F Radioapparat
30 D.F. Empfänger des Navigators
31 Empfänger des Funkers
32 Winde für die Schleppantenne
33 T.1154 Radio-Sender
34 Verstärker
35 Funker
36 Signalpistole
37 Hydrauliktank
38 Hydraulikhandpumpe
39 Kanal der Kabinenheizung
40 Einlass der Kabinenheizung
41 Sperrballon-Schutzplatte
42 Ölkühler
43 Kühler
44 Hochtank
45 Merlin XX Motor
46 Öltank
47 Treibstofftank 1

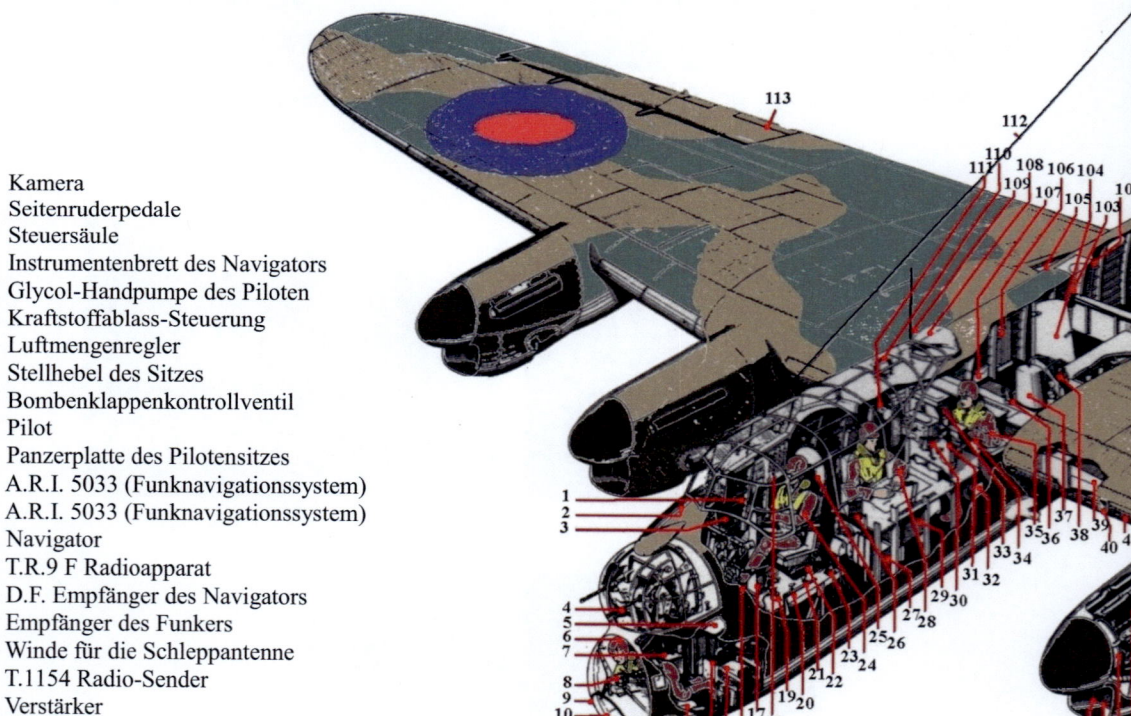

PREPARED BY A.V. ROE & Cº LTD

LANCASTER

102 Zeichnung einer Lancaster I

FRONTISPIECE

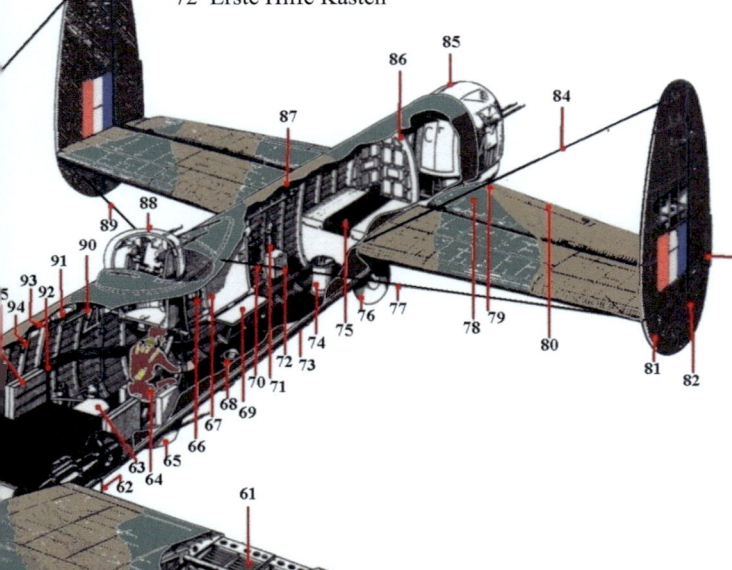

EROPLANE

Die 166. Staffel des Bomber Command

Die 166. Staffel wurde am 13.6.1918 gegründet und bereitete sich im September 1918 auf Langstreckenangriffe gegen Deutschland vor. Hierzu kam es jedoch nicht. Vertreter des Deutschen Reiches, Frankreichs und Großbritanniens unterschrieben das Waffenstillstandsabkommen von Compiègne bevor die Staffel komplett mobilisiert werden konnte.

Im November 1936 wurde die 166. Staffel als Bomberstaffel neu aufgestellt. Kurz nach Kriegsbeginn flog die Staffel Whitley Bomber. Zu diesem Zeitpunkt diente die Staffel der 6. Bombergruppe als Trainingsstaffel. Im April 1940 wurde die Staffel mit der 97. Staffel zusammengelegt und bildete so die 10. Operational Training Unit, eine Einheit, die die Crews auf Einsätze vorbereitete.

Im Januar 1943 stellte die Royal Air Force die 166. Staffel erneut auf. Als Flugplatz diente ab diesem Zeitpunkt RAF Kirmington. Hier wurden für die 1. Gruppe des Bomber Command Wellington und Lancaster Bomber geflogen. Ihre erste Mission im Zweiten Weltkrieg war das Minenlegen in feindlichen Gewässern, ausgeführt mit sieben Wellington Bombern am 27./28.1.1943. Zwei Tage später wurde erstmals ein Ziel, Lorient, bombardiert.[60]

Dem Einsatzprotokollbuch der 166. Staffel sind u.a. folgende Informationen über die Einsätze des Monates Mai 1944 zu entnehmen:

Personal der Staffel per 31.5.1944		
	Offiziere	**Flieger**
Piloten	39	3
Besatzung	44	202
Bodenpersonal	2	-
	85	205

Summen des Monats Mai 1944	
Flugstunden Einsätze	997,25
Flugstunden außerhalb von Einsätzen	611,25
Anzahl Einsätze	213

Abgeworfene Bomben in Tonnen im Mai 1944	
H.E. (High Explosive)	821,05
Incendiaries (Brandbomben)	151,65
Minen	40,18

Statistik der 166. Staffel des Monates Mai 1944[61]

Die Ziele der Staffel bestanden im Mai 1944 aus einer Rüstungsfabrik, einem Militärlager, mehreren Rangierbahnhöfen und Küstenbatterien, einem Munitionslager, einer Hafenanlage und den Städten Duisburg, Dortmund und Aachen. Des Weiteren wurden in der Nähe von Kiel und Helgoland Minen abgeworfen.[62] Diese sollten die Schifffahrtsrouten der Deutschen stören und Kräfte binden. Der Codename für das Abwerfen von Minen war „gardening" oder „vegetable planting" (Gemüse pflanzen). Das Gemüse, also die Minen, wurden u.a. in Bereichen mit den Codenamen „artichokes" (Lorient) und „nectarines" (friesische Inseln) „gepflanzt".[63]

Das Motto der Staffel lautete „Tenacity" („Beharrlichkeit", „Zähigkeit"). Aus diesem Grund wurde eine Bulldogge auf dem Abzeichen der Staffel dargestellt.

103 Abzeichen der 166. Staffel (autorisiert September 1944)

105 Donald Pleasence Fotogr.: Allan Warren

Ein Flieger der 166. Staffel wird vielen Deutschen bekannt sein. Während er im Zweiten Weltkrieg noch Angriffe gegen die Deutschen flog, war Donald Pleasence später als „Blofeld" der Gegner von James Bond im Film „Man lebt nur zweimal". Als Flying Officer war Donald Pleasence am 31.8.1944 als Funker an Bord der Lancaster NE112, die an diesem Tag in Frankreich abstürzte.[64] [65] Er kam daraufhin in deutsche Kriegsgefangenschaft. Die Crew von Harry Moncrieff kannte ihn nicht, da er erst zwölf Tage nach deren Absturz zur 166. Staffel kam. 1976 spielte er im Film „Der Adler ist gelandet" die Rolle des Heinrich Himmler.

104 Abzeichen des Bomber Command (offiziell seit April 1947)

Der letzte Angriff im Zweiten Weltkrieg galt den SS-Kasernen in Berchtesgaden am 25.4.1945. Letztmalig wurde die Staffel am 6.5.1945 eingesetzt. An diesem Tag wurden Lebensmittel für die holländische Bevölkerung im Rahmen der Operation „Manna" abgeworfen.[66]

106 Zerstörte SS-Kaserne Berchtesgaden/Obersalzberg 1945 (Quelle: Verlag Plenk Berchtesgaden GmbH &. Co. KG)

Operation „Manna"

Durch die lange Besetzung Hollands und durch den schwierigen Winter 1944/45 litt die holländische Bevölkerung unter einer Hungersnot. Selbst auf dem Schwarzmarkt war nichts mehr zu bekommen, so dass man sogar auf gebratene Tulpenzwiebeln angewiesen war, um zu überleben.[67] Ende April begannen Bomber der Royal Air Force mit dem Abwerfen von Lebensmitteln über Holland. Hierbei gingen die alliierten Flieger ein hohes Risiko ein, da das Überfliegen der durch die Deutschen besetzten Gebiete noch nicht genehmigt war. Erst wenige Tage später gab es eine Vereinbarung, nach der die Alliierten Lebensmittel in bestimmten Zonen abwerfen durften. Tausende von Tonnen Lebensmitteln wurden abgeworfen. In Anlehnung an die Bibel Johannes 6.31 „Brot vom Himmel" (= Manna) wurde die Operation von der RAF „Operation Manna" genannt. Die Amerikaner, die sich ebenfalls beteiligten, bezeichneten die Hilfsaktion „Operation Chowhound". Die Versorgung der holländischen Bevölkerung aus der Luft, wurde nach zehn Tagen, nach der Kapitulation der Deutschen, beendet.[68]

107 Crewmitglieder der 15. Staffel der RAF bei einer Ladung Lebensmittel für die holländische Bevölkerung

108 Maschinen der 166. Staffel beim Abwurf von Lebensmitteln für die holländische Bevölkerung über Rotterdam/Terbregge

RAF Kirmington – Der Flugplatz

Der Flugplatz RAF Kirmington lag in der Grafschaft Lincolnshire in den East Midlands in England, rund 32 km von der Ostküste entfernt. Im Zweiten Weltkrieg wurde Lincolnshire auch „bomber county" genannt, da hier viele Staffeln stationiert waren. 1945 existierten in Lincolnshire 49 Flugplätze, mehr als in allen anderen Bezirken. [69] Das kleine Dorf Kirmington liegt unmittelbar neben dem Flugplatz.

RAF Kirmington wurde für die Gruppe 1 des Bomber Command aufgebaut und im Oktober 1942 eröffnet. Ab diesem Monat war die 150. Staffel hier stationiert und flog mit Wellington Bombern. Im Dezember 1942 kamen Teile der 142. Staffel hinzu. Einen Monat später wurden die Staffeln zusammengelegt und die 166. Staffeln damit neu formiert. [70]

Der Flugplatz hat eine für das Bomber Command klassische Bauweise: drei zusammenlaufende Pisten, die zusammen ein Dreieck bilden. Die Maschinen wurden über den Flugplatz verteilt auf besonderen Flächen abgestellt, damit diese bei einem Angriff kein leichtes Ziel boten.

Um den Flugplatz herum und im Ort Kirmington waren diverse Unterkünfte verteilt. Hier wohnten die Crews, das Bodenpersonal und in einem gesonderten Bereich die „WAAF", Mitglieder der „Women's Auxiliary Air Force" (Korps der weiblichen Helfer der Royal Air Force).

109 Flugplatz Kirmington zu Kriegszeiten

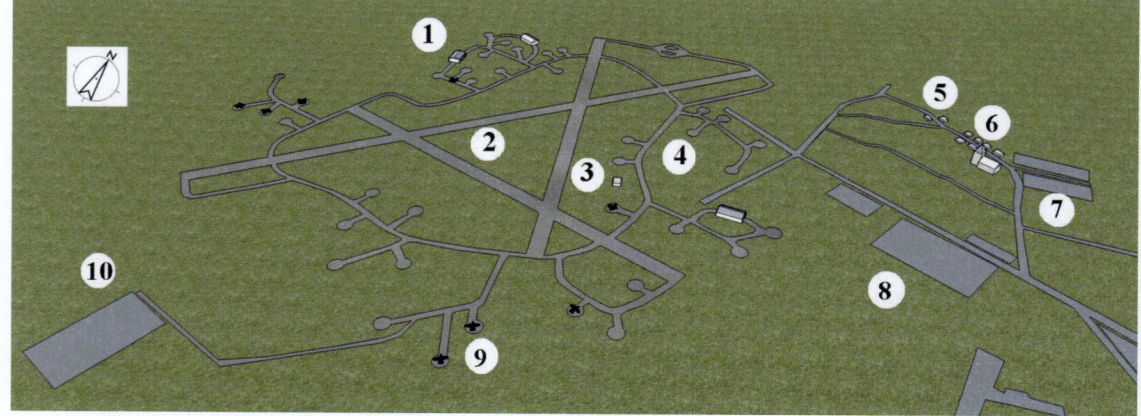

110 Plan des Flugplatzes RAF Kirmington und ein Teil der von der RAF genutzten Flächen

1 – Hangar (Typ T2)   5 – Pub „Marrowbone & Cleaver"   9 – Abstellplätze der Maschinen
2 – Rollbahnen   6 – Kirmington Dorf   10 – Bombendepot
3 – Kontrollturm   7 – Bereich der WAAF
4 – technischer Bereich   8 – Gemeinschaftsbereich

Der Ort selber bot den Mitgliedern der Royal Air Force Ablenkung u.a. in Form der Gaststätte „Marrowbone and Cleaver". Sie galt als das inoffizielle Hauptquartier bei den Crews.[71] Noch heute zeugt das Aushängeschild der Gaststätte hiervon und zeigt u.a. einen Bomber der Staffel. Sicherlich wird auch Harry Moncrieff mit seiner Besatzung dort gewesen sein. Das Verhältnis zwischen den Bewohnern und der Royal Air Force war außerordentlich gut. Die Bewohner begegneten den neuen „Bewohnern" mit hoher Gastfreundlichkeit, was den Fliegern großen Rückhalt gab. Bemerkenswert ist dies, da die Royal Air Force mit ihren Angehörigen das kleine Dorf, welches heute rund 400 Einwohner hat, 1942 geradezu mit RAF Personal überflutet hatte. RAF Kirmington konnte 2.500 Personen unterbringen.

Im Dezember 1945 wurde der Flugplatz geschlossen. Die Pisten und Felder wurden noch landwirtschaftlich genutzt. In den 60er/70er Jahren entstand ein Regionalflughafen, der heutige Humberside Airport.[72]

111 Schild der Gaststätte „Marrowbone & Cleaver"

112 Parade im Rahmen der Auflösung der 166. Staffel im November 1945

Porträts der Crewmitglieder

Die Besatzung der Lancaster bestand aus vier Briten und drei Kanadiern. Einzige Überlebende des Absturzes waren der Bombenschütze William Chandler und der Heckschütze Keith Wynn.

113 Sechs Besatzungsmitglieder der NE114 zur Zeit ihrer Ausbildung mit einem anderen Navigator (Sgt. Hulbert hintere Reihe in der Mitte)

Die Flieger schlossen sich zu einer Crew im Rahmen des Trainings bei der 12. Operational Training Unit zusammen. Sie nahmen teilweise an unterschiedlichen Kursen teil.

So waren die Flieger Moncrieff, Chandler und Fla-vell im Kurs 60, Wynn im Kurs 52. In dieser Trai-ningseinheit flogen sie Vickers Wellington Bomber.

Am 27.10.1943 sollte Harry Moncrieff einen Trai-ningsflug absolvieren. Der Backbordmotor des Wellington Bombers HE960 fiel beim Abflug aus. Obwohl die Maschine abgebremst wurde, überroll-te sie das Ende der Startbahn und erlitt einen Total-schaden. Es gab keine Verletzten bzw. Verluste.

In der nachfolgenden Umschulung auf 4-motorige Maschinen hatte die Crew einen neuen Navigator.

114 Fünf der Crewmitglieder und Sgt. Hulb neben einer Vickers Wellington

Die Crew der Lancaster NE114 wurde anschließend, am 1.5.1944, zur 166. Staffel ver-setzt.[73]

Zwei Tage später nahm der Pilot Harry Moncrieff an einem Angriff auf Mailly-le-Camp als zweiter Pilot, im RAF-Jargon „second dickey" genannt, teil.[74] Es war bei der Royal Air Force üblich, junge Piloten, die bei ihrer neuen Staffel ankamen, als zweite Piloten zum Anlernen bei einem Einsatz mitzunehmen. Mailly-le-Camp liegt rund 140 km südöstlich von Paris. Der Angriff galt einem Militärlager. Das umliegende Gelände wurde als Übungsgelände zur Ausbildung von Panzereinheiten von Wehrmacht und Waffen-SS genutzt.[75] Kurz vor dem Abwurf der Bomben wurde die Maschine (Lancas-ter ED905) von einer Messerschmitt ME110 angegriffen. Im nachfolgenden Gefecht ging die deutsche Maschine in einen Sturzflug über. Die Maschine qualmte und Feuer brach aus. Letztlich explodierte sie beim Aufschlag auf den Boden. Die Crew bean-spruchte den Abschuss für sich.[76]

```
ED.905        P/O. Wilson, P.J. DFC (Can.J.19982-RCAF) 22.00  03.50
              F/S.Moncrieff,H.R. (2nd.P.)  MAILLY
              Sgt. Reed, F.
              F/O. Noble, P.N.J.(Can.J.23968-RCAF)
              W/O. Knowles, W.G. (Can.R.116080-RCAF)
              Sgt. Hardiman, P.J.
              F/O.Felgate, B.W.G.
              Sgt. Meadows, CGM (Can.R.191205-RCAF)


Bomb load as above.
Bombed from 8,000ft. at 00.32 hours on red spot fire almost
obscured by smoke. Continuous bursting of bombs in target area.
Shortly before bombing was attacked by one ME.110. In the
ensuing combat the enemy went into a steep dive, with smoke
pouring from it and burst into flames, finally exploding    Appendix
on the ground. Claimed as destroyed.                       A.155.A.
```

115 Operations Record Book vom 3.5.1944 mit F/S Moncrieff als 2. Pilot beim Angriff auf das Militärlager Mailly-le-Camp

Bei dem Angriff wurden viele Baracken und Fahrzeuge, u.a. Panzer zerstört. Auf dem unteren Bild sind die vielen Krater der alliierten Bomben zu erkennen. Die Bomber warfen 1500 Tonnen Bomben ab. 42 Lancaster Maschinen wurden abgeschossen.[77]

*116 Luftbild des Angriffes auf Mailly-le-Camp –
Explosionswolken im rechten oberen Bereich*

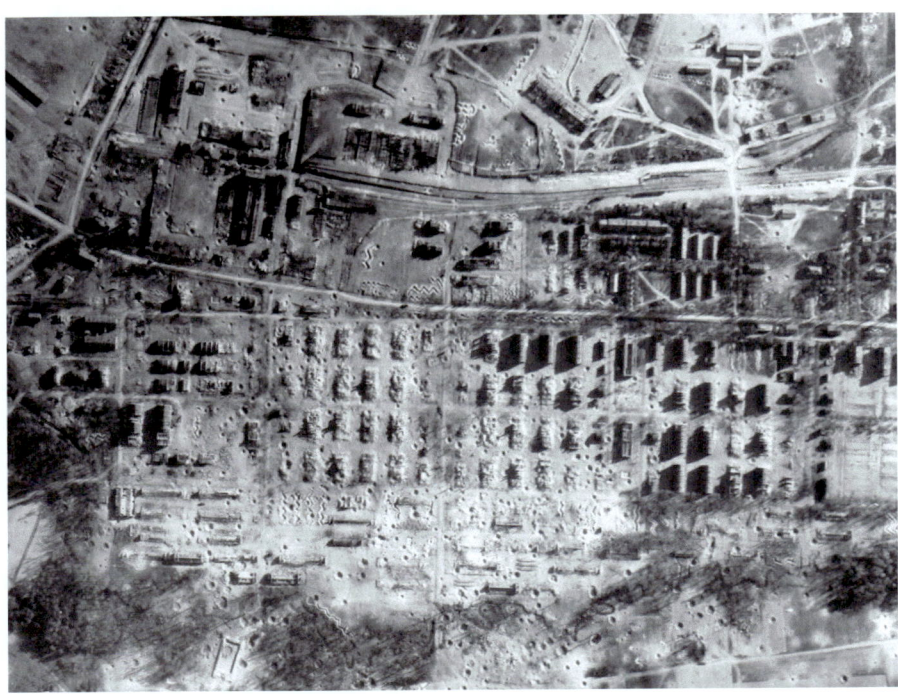

117 Mailly-le-Camp nach dem Angriff

In den folgenden Tagen unternahm die Crew mehrere Trainingsflüge, sogenannte „cross countries", so zum Beispiel am 6.5.1944 in der Lancaster ED905 und am 19.5.1944 in der Lancaster ME748.[78] Bei der Lancaster ED905 handelte es sich um die Maschine, in der der Pilot Harry Moncrieff als 2. Pilot den Angriff auf Mailly-le-Camp flog. Die Maschine wurde später zur 550. Staffel verlegt und gehört zu den rund 35 Lancaster Bombern, die die Marke von 100 Einsätzen erreicht haben.[79]

118 Lancaster ED905, mit der die Crew einen Trainingsflug absolvierte - hier mit einer anderen Crew und Bodencrew der 550. Staffel

119 Harry Moncrieff
(Pilot)

Harry Reginald Moncrieff, geboren am 15.5.1918 in Trenton, Ontario/Kanada, war der Sohn der Eheleute Robert Reginald und Catherine Moncrieff. Seine Geschwister waren Robert Edward, Donald James Moncrieff und Francis Esther Spruston. 1937 lebte er in Belleville, Ontario und war Fotograf. In einem Fragebogen der Royal Canadian Air Force gab er an, dass er der United Church angehört. Am 17.4.1937 schrieb er sich bei der RCAF in Kingston, Ontario ein. Nach fünf Jahren Zugehörigkeit zur Royal Canadian Air Force wurde er erneut gemustert. Die Musterung wurde durchgeführt, weil er Pilot-Observer werden wollte. Dem Protokoll des Interviews sind folgende Angaben über ihn zu entnehmen: *Vier Jahre bei der technischen Hochschule. Sehr aus der Übung in Mathematik und Wissenschaften. Seit sechs Jahren aus der*

Schule. War in der Air Force für fünf Jahre. Ordentliche Fähigkeit zu lernen. Die Reaktion auf diesen Test war von Nervosität und Mattigkeit geprägt, was auf die lange und anstrengende Zugreise zurückzuführen ist. Sollte gut trainieren können. Guter persönlicher Hintergrund. Durchschnittliche Statur; sehr ordentlich; dieser Flieger hat sicherlich von seiner RCAF Erfahrung profitiert und hat seinen Geist aufmerksam und einsatzfreudig für Ausbildung gehalten; sein Reaktionsvermögen ist überdurchschnittlich; in der Schule war er an Wettkämpfen beim Schwimmen, Skifahren und Jagen beteiligt; er hat jedes Jahr seines Aufenthaltes in der Air Force versucht, Mitglied einer Aircrew zu werden; Er würde ein sehr guter Pilot werden; er hat Führungsqualitäten.

Am 5.3.1943 erhielt er sein Piloten-Abzeichen. Nach diversen Ausbildungsmaßnahmen verließ er Halifax/Kanada am 28.3.1943 und ging am 4.4.1943 im Vereinigten Königreich an Land. Dort war er bei folgenden Einheiten:

120 „wings" - Pilotenabzeichen im Besitz der Familie

5.4.1943	3 PRC	= Nr. 3 Personal Reception Center, Bournemouth
8.6.1943	15 (P)AFU	= Nr. 15 (Pilot) Advanced Flying Unit, Ramsbury
10.8.1943	12 OTU	= Nr. 12 Operational Training Unit, Benson
26.11.1943	1665 CU	= Nr. 1665 Conversion Unit, Tilstock
10.1.1944	1657 CU	= Nr. 31 Base/Nr. 1657 Conversion Unit, RAF Stradishall
13.3.1944	11 Base	= Nr. 11 Base, Lindholme
1.5.1944	166. Staffel	= 166. Staffel, Kirmington

In Bournemouth wurden die kanadischen Flieger empfangen. In der Advanced Flying Unit und Operational Training Unit erhielten die Flieger Trainingseinheiten, bei denen i.d.R. Wellingtons geflogen wurden. Das Fliegen mit den schweren vier-motorigen Maschinen erlernte Harry Moncrieff bei den Heavy Conversion Units 1657 und 1665. Am 1.5.1944 kam er zur 166. Staffel.[80]

121 Pilot Harry Moncrieff

Nach nur drei Wochen bei der 166. Staffel verstarb Harry Moncrieff nach dem Angriff auf Dortmund. Für die Familienmitglieder stand jedoch nicht sofort fest, dass Harry Moncrieff bei dem Absturz ums Leben gekommen war. Kurze Zeit nach dem Absturz erhielt die Familie ein Telegramm der Royal Canadian Air Force, dass ihr Angehöriger vom Angriff auf Dortmund nicht zurückgekommen war. Dies wurde in einem Brief vom 27.5.1944 noch einmal bestätigt. Erst einige Zeit später wurde der Familie mitgeteilt, dass er den Absturz nicht überlebt hatte.

OUR FILE ... 7532 ... (R.O.4) ....

REF. YOUR ....

DATED ....

ROYAL CANADIAN AIR FORCE

OTTAWA, Canada, 27th May, 1944.

Mr. R.R. Moncrieff,
5412-11th Avenue,
Rosemount, Montreal, Que.

Dear Mr. Moncrieff:

It is with deep regret that I must confirm our recent telegram informing you that your son, Flight Sergeant Harry Reginald Moncrieff, is reported missing on Active Service.

Advice has been received from the Royal Canadian Air Force Casualties Officer, Overseas, that your son and the entire crew of his aircraft failed to return to their base after taking off to carry out bombing operations over Dortmund, Germany, on the night of May 22nd and the early morning of May 23rd, 1944.

The term "missing" is used only to indicate that his whereabouts is not immediately known and does not necessarily mean that your son has been killed or wounded. He may have landed in enemy territory and might be a Prisoner of War. Enquiries have been made through the International Red Cross and all other appropriate sources and I wish to assure you that any further information received will be communicated to you immediately.

Attached is a list of the members of the Royal Canadian Air Force who were in the crew of the aircraft together with the names and addresses of their next-of-kin. Your son's name will not appear on the official casualty list for five weeks. You may, however, release to the Press or Radio the fact that he is reported missing, but not disclosing the date, place, or his unit.

Permit me to extend to you my heartfelt sympathy during this period of uncertainty and I join with you and the members of your family in the hope that better news will be forthcoming in the near future.

Yours sincerely,

R.C.A.F. Casualty Officer,
for Chief of the Air Staff.

R.C.A.F. G. 32B
500M— 1-44 (3778)
H.Q. 185-G-55B

122 Brief der RCAF an die Familie des Piloten Harry Moncrieff vom 27.5.1944

Über den Verlust berichteten regionale kanadische Zeitungen:

P.O. H. R. Moncrieff Missing Last May Presumed Dead

Official word has been received from Defence Headquarters, Ottawa, by Mr. and Mrs. Reg. Moncrieff that their son, Pilot Officer H. R. Moncrieff, aged 27 years, is now for official purposes presumed to have died on May 23, 1944, the date on which he was posted missing following air operations over Germany.

Born in Trenton he grew up there and in Kingston and was educated at Belleville Collegiate. On graduating he joined the R.C.A.F. in 1938 and served as photographic instructor . On the outbreak of war he remustered to air crew and trained at Trenton, St. Eugene and Camp Borden and went overseas early in 1942.

All three sons of the family have seen active serpice, Flying Officer Ted Moncrieff of the R.C.A.F. is overseas. He was the former manager of the Maher Shoe Store in Perth, and Gnr. Donald Moncrieff has been in action throughout the European campaign with the 34th Battery, Royal Canadian Artillery, landing with that unit in Normandy on D-Day.

123 Artikel im Perth Courier vom 12.4.1945 über den Verlust von Harry Moncrieff

Air Force Casualties

The R.C.A.F. today issued its 1,160th casualty list of the war. Previously reported missing, FO. Alfred Henry Benbow Hall, whose wife lives at 474 Highland avenue, Ottawa, and PO. Harry Reginald Moncrieff, son of R. R. Moncrieff, Perth, were officially presumed dead.

124 Artikel im Ottawa Journal vom 6.4.1945 über den Verlust von Harry Moncrieff

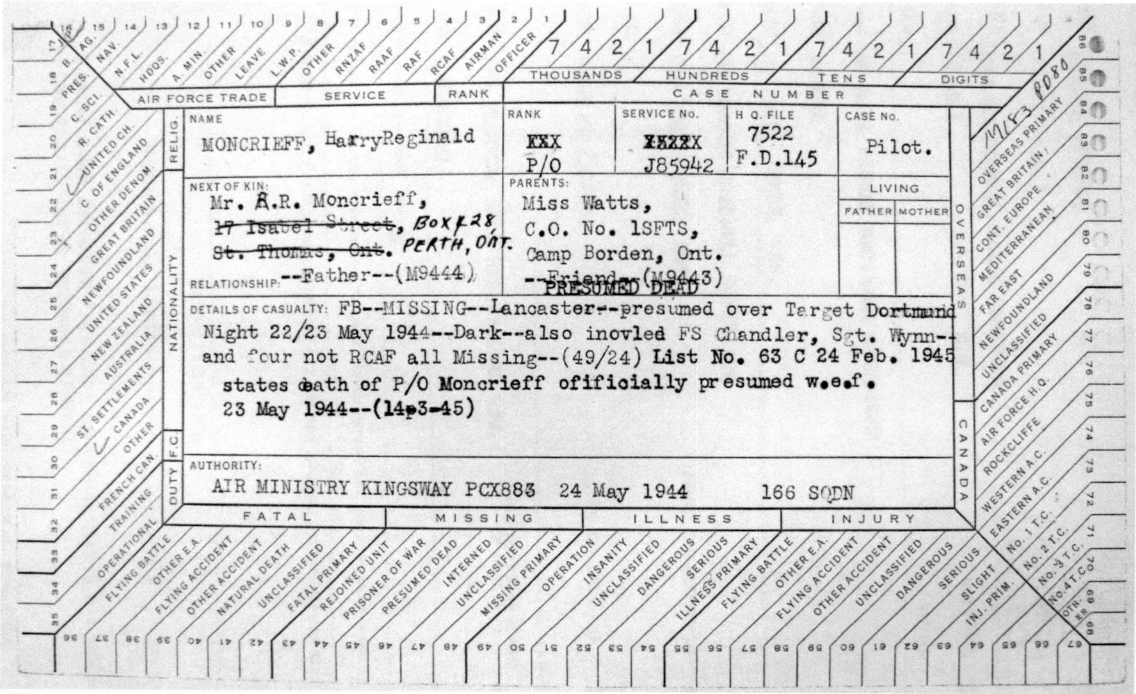

AG. | B. | NAV. | N.F.L. | HOOS. | A. MIN. | OTHER | LEAVE | L.W.P. | OTHER | RNZAF | RAAF | RAF | RCAF | AIRMAN | OFFICER | 7 4 2 1 | 7 4 2 1 | 7 4 2 1 | 7 4 2 1

AIR FORCE TRADE | SERVICE | RANK | THOUSANDS | HUNDREDS | TENS | DIGITS
| | | CASE NUMBER

NAME	RANK	SERVICE No.	H Q. FILE	CASE No.
MONCRIEFF, Harry Reginald	XXX P/O	XXXXX J85942	7522 F.D.145	Pilot.

NEXT OF KIN:
Mr. A.R. Moncrieff,
17 Isabel Street, Box 28
St. Thomas, Ont. PERTH, ONT.
RELATIONSHIP: --Father--(M9444)

PARENTS:
Miss Watts,
C.O. No. 1SFTS,
Camp Borden, Ont.
--Friend--(M9443)

LIVING
FATHER | MOTHER

PRESUMED DEAD

DETAILS OF CASUALTY: FB--MISSING--Lancaster--presumed over Target Dortmund
Night 22/23 May 1944--Dark--also inovled FS Chandler, Sgt. Wynn--
and four not RCAF all Missing--(49/24) List No. 63 C 24 Feb. 1945
states death of P/O Moncrieff official presumed w.e.f.
23 May 1944--(14p3-45)

AUTHORITY:
AIR MINISTRY KINGSWAY PCX883   24 May 1944   166 SQDN

FATAL | MISSING | ILLNESS | INJURY

125 Verlustkarte Harry Moncrieff

*126 William Chandler
(Bombenschütze)*

William Philmore Chandler wurde am 11.2.1916 in Calgary, Alberta/Kanada geboren. Seine Eltern waren Percy Randolph und Edith Mary Chandler, die in England bzw. Wales geboren wurden. Er war Versicherungskaufmann. Bevor er bei einer Versicherungsgesellschaft arbeitete, half er seinem Vater in der Landwirtschaft. Seine Frau war Ruth Chandler. Sie hatten vier Kinder.

Am 20.4.1942 trat er in die Royal Canadian Air Force ein. Am 14.5.1943 erhielt er sein Air Bombers Abzeichen. Am 23.6.1943 verließ er Kanada und kam am 1.7.1943 im Vereinigten Königreich an. Zur 166. Staffel gehörte er ab dem 1.5.1944.[81] Nach der Kriegsgefangenschaft arbeitete William Chandler weiter bei der Dominion Life Assurance Company und war aktives Mitglied in der Knox United Church. Er liebte u.a. die Gartenarbeit und Fotografie. Er verstarb 74-jährig am 23.11.1990 in Calgary.

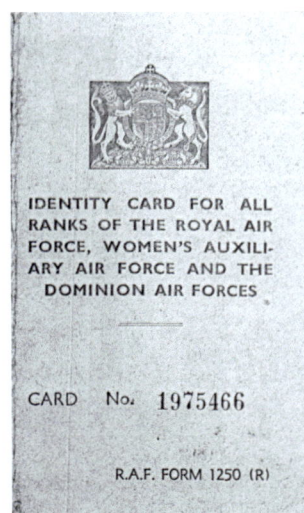
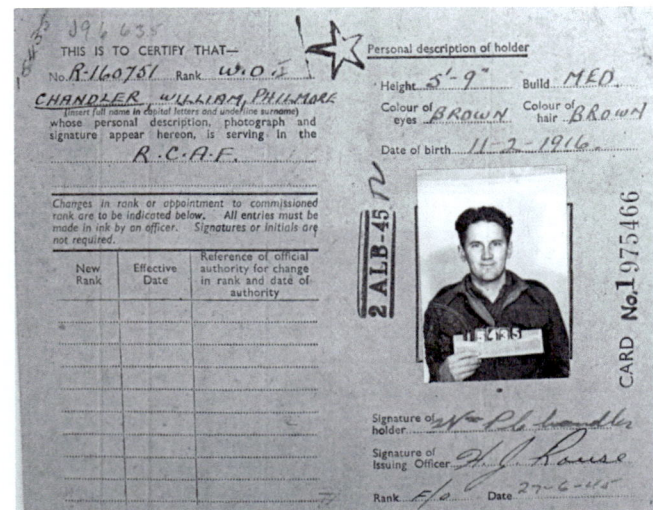

127 Identity Card von William Chandler

In seiner Gefangenschaft beantragte William Chandler die Mitgliedschaft im „Caterpillar Club", einem Club, dem Flieger beitreten konnten, die im Rahmen eines Absturzes mittels Fallschirm abgesprungen waren und so überlebten.

Der Caterpillar Club

Der Caterpillarclub (übersetzt: Seidenraupen-Club) wurde 1922 von Leslie Irwin von der Irwin Parachute Company gegründet und galt Fliegern, deren Leben durch einen Fallschirm gerettet wurde. Flieger mit der gleichen Erfahrung konnten eine Mitgliedschaft beantragen. Der Name des Clubs entspringt dem Material der Fallschirme, nämlich Seide. Mitglieder erhielten einen Ausweis und eine Anstecknadel in Form einer Seidenraupe. Der Club hatte im Jahre 1939 bereits 4.000 Mitglieder aus fast 50 Ländern. Alliierte Flieger beantragten noch während ihrer Gefangenschaft die Mitgliedschaft im Club. Heutzutage sind Zehntausende Mitglied im Club. Das wohl bekannteste Mitglied war Charles Lindbergh (1. Alleinüberquerung des Atlantik 1927 mittels Flugzeug). Während eines Übungsgefechtes stieß seine Maschine mit einer anderen des U.S. Army Air Service zusammen, woraufhin er absprringen musste. Drei Monate später musste er erneut absprringen und kugelte sich dabei die Schulter aus.

128 Charles Lindbergh

130 Caterpillar Club Anstecknadel

129 Charles Lindbergh nach seinem 2. Absprung

William Chandler erhielt laut „service award card" u.a. folgende Auszeichnungen:

131 39-45 Star

132 Canadian Volunteer Service Medal

133 Defence Medal

134 „service award card" von William Chandler

135 *Foto des Kurses 60 der 12. Operational Training Unit mit drei Crewmitgliedern der Lancaster NE114 und ihrem ersten Navigatoren Sgt. Hulbert*

136 Keith Wynn (Bordschütze)

Charles Kenneth Wynn wurde am 28.7.1924 als Sohn der Eheleute Fred und Elsie Mae Wynn in Forest Glen, Nova Scotia/Kanada geboren und hatte vier Brüder. Er war mit Joyce Salterio verheiratet und hatte einen Sohn namens Mark.

Vor seinem Eintritt in die Royal Canadian Air Force war er als Mechaniker beschäftigt. In seiner Freizeit ging er u.a. schwimmen und eislaufen.

Am 29.9.1942 kam er zur Royal Canadian Air Force und erhielt nach der Ausbildung am 9.7.1943 sein Abzeichen als Schütze. Am 3.8.1943 verließ er New York und erreichte am 11.8.1943 das Vereinigte Königreich. Zur 166. Staffel wurde er am 1.5.1944 versetzt. Insgesamt absolvierte Keith Wynn rund 150 Flugstunden, davon acht im Rahmen von Kampfeinsätzen. 23 Stunden flog er in Wellington Bombern, 71 Stunden in Stirling Maschinen und 46 in Lancaster Bombern.[82]

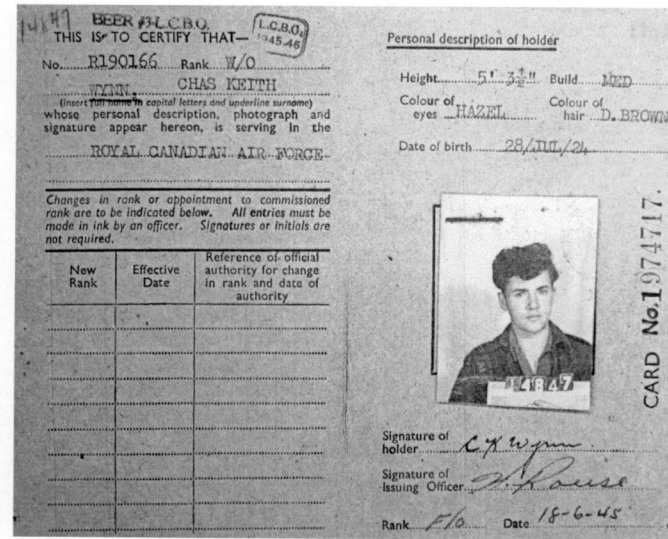

137 Identity Card von Keith Wynn

The instructions regarding this form are contained in Chapter XIII, A.P. 1801 (War Manual Part II).   **R.A.F. Form 1580.**

ROYAL AIR FORCE.
AIRMAN'S/AIRWOMAN'S RECORD SHEET (Active Service).

Official No. CAN.R.190166. Name WYNN, Charles Keith. Rank T/Sgt Pd.
(In full in block capitals, surname first).   (Or acting appointment).

R.A.F. Trade Air Gunner (Grp 2) Special Qualifications
(e.g., Gas Instructor, Fire Fighter, Boxing Instructor).

Date of Birth 28.7.24. Religion Baptist. Occupation in Civil Life Tail Edger Mechanic.

Last Enlisted 29.9.42.   Current Engagement D of W.

If a member of the Auxiliary Air Force

If Reservist, which Class (" E," " F," V.R.) SR Whether Married, Single or Widower S.

Name, address and relationship of legal next of kin (to be entered in pencil) :

Mrs ? M Wynn (Mother) Brentwood NS

Name, address and relationship of person (or persons) to be informed of casualties (to be entered in pencil).
(If this person is the legal next of kin, it is only necessary to insert here " Next of Kin.")

N of K

Any alteration to above (e.g., Promotions) to be made by crossing out and writing above.

SECTION I.—MOVEMENTS AND CASUALTIES.				SECTION 2.—PROMOTIONS, ACTING APPOINTMENTS (PAID OR UNPAID), REDUCTIONS, REMUSTERINGS.	
Unit FROM which.	Unit TO which.	Date of Effect.	* Authority.	Description.	Date of Effect.
9 B & G.	1 Y Depot.	23.7.43.		Aircrew A.G.Std. AC2	29.9.42.
1 Y Depot.	RAF TP.	2.8.43.		" " " LAC	15.5.43.
	Emb. New York.	3.8.43.		Air Gunner Special T/Sgt	9.7.43.
	Dis.U.K.	11.8.43.		" "(Grp2) "	9.7.43.
Int.C.119.	3PRC	12.8.43.			
3PRC	12 OTU	24.8.43			
12 O.TU.	1665 CU.	26/11/43.			
1667 Cu & Base	11 Base	13.3.44			
11. Base	166 Sqdn.	1.5.44			
166 Sqdn.	Rcaf UK				
	NS Unit	28.5.44			

138 *Dienstblatt von Keith Wynn mit Angabe der Stationen in der Royal Air Force*

Nach dem Abschuss seiner Maschine kam Keith Wynn in deutsche Kriegsgefangenschaft.

Keith Wynn verbrachte insgesamt 326 Tage in Kriegsgefangenschaft. Den größten Teil dieser Zeit befand er sich im Stalag Luft 7, Bankau. Dieses Lager wurde Mitte Januar 1945 aufgegeben, als die Russen sich weiter westwärts bewegten. Es folgte der „Todesmarsch" zum Lager Stalag III A bei Luckenwalde. Die lebensbedrohlichen Bedingungen dieses Marsches, fehlende Essensrationen, extreme Kälte, Schlafen auf eiskaltem Boden und fehlende medizinische Versorgung führten dazu, dass Keith Wynn eine Zeit lang nach der Befreiung durch die Amerikaner nicht arbeitsfähig war. Aufgrund dieser Umstände bekam er eine zusätzliche finanzielle Unterstützung von $ 200 zugesprochen.[83]

To Mr. and Mrs. Fred Wynn

I have learned with deep regret

Sergeant Air Gunner

that Charles Keith Wynn, R.C.A.F.

has been reported missing.

The Government and people of Canada join me in expressing the hope that more favourable news will be forthcoming in the near future.

Minister of National Defence for Air

139 Anteilnahme des Verteidigungsministers Charles G. Power hinsichtlich des vermissten Keith Wynn

Nach dem Krieg führte er eine Reparaturwerkstatt. Keith Wynn starb 50-jährig in Wileville/Kanada.

140 Denis Asquith (Navigator)

Denis Asquith war der Sohn von Lily Asquith aus Leeds.

Als das Foto aufgenommen wurde, hatte Denis Asquith den Rang eines „leading aircraftman". Dies war bei der Royal Air Force ein Junior-Rang. Erkennbar ist dies an dem zweiblättrigen Propeller an seinem linken Oberarm. Seine Zugehörigkeit zur Royal Air Force Volunteer Reserve (RAFVR) zeigt das „VR"-Abzeichen im Schulterbereich.

Dem verstorbenen Flieger wurde 1946 und 1948 in der „Roll of Honour", der Ehrenliste der Yorkshire Evening Post gedacht.

141 Yorkshire Evening Post 22.5.1946

142 Yorkshire Evening Post 22.5.1952

143 Samuel Flavell (Funker)

Samuel Flavell war der Sohn der Eheleute George and Margret Ann Flavell aus Whiteinch/ Glasgow. Sowohl Vater als auch Mutter kamen von Irland, wo sie wahrscheinlich auch heirateten, bevor sie nach Schottland kamen. Viele Menschen verließen Irland im 19. und 20. Jahrhundert, um der Armut zu entfliehen und eine Arbeit zu finden. Hauptankunftshäfen waren Glasgow und Liverpool. Die Familie ließ sich in Whiteinch, einem Bezirk westlich von Glasgow am Ufer des Flusses Clyde, nieder. Die Lebensverhältnisse der Familie waren recht hart, lebten sie doch in einer Zwei-Zimmer-Wohnung mit einer außen liegenden Gemeinschaftstoilette.

Vermutlich arbeitete Samuel Flavell bei der Eisenbahn, bevor er zur Royal Air Force kam. Er war ein guter Fußballer und ein begeisterter Fan des Partick Thistle Football Club.[84]

144 Samuel Flavell (li) während seiner Ausbildung zum Funker mit Funkerabzeichen auf dem Ärmel, eine Hand, die Blitze festhält

145 *Gruppenfoto in der Funkerschule*
Samuel Flavell obere Reihe 3. von links

146 Ergebnis einer medizinischen Untersuchung vom 20.8.1941 hinsichtlich der Tauglichkeit für den Einsatz bei der RAF u.a. als Funker

147 John Notley
(Bordingenieur)

148 William F. Shead
(Bordschütze)

Der Bordingenieur John Notley kam aus East Bergholt, Suffolk, England. Seine Aufgabe innerhalb der Crew ist auf dem Foto an seinem Bordingenieur-Abzeichen zu erkennen.

William Shead war der Sohn von William and Caroline Shead aus Carshalton, Surrey.

Gedenkstätten

In den Commonwealth Staaten existiert eine ausgeprägte Erinnerungskultur. Es bestehen viele Gedenkstätten in den Städten, aus denen die Gefallenen ursprünglich stammten. Am „Remembrance Day", dem 11.11. eines jeden Jahres, wird der Kriegstoten gedacht. In Großbritannien werden an diesem Tag zwei Schweigeminuten gehalten. Am nächstgelegenen Sonntag legt das Staatsoberhaupt in Gegenwart des

149 Poppy Anstecknadeln

Premierministers und von Veteranen am Mahnmal „The Cenotaph" einen Strauß mit Mohnblumen nieder. An diesem Tag werden künstliche Mohnblumen als Anstecknadeln getragen. Mohnblumen und Kränze werden an den Denkmälern abgelegt. Die Mohnblume (englisch *poppy*) soll – in Anlehnung an das Gedicht „In Flanders Fields" des Kanadiers John McCrae – an die vom Blut der Soldaten geröteten Felder Flanderns im Ersten Weltkrieg erinnern. Daher wird der Gedenktag auch *Poppy Day* genannt. In London werden in der Nacht zu diesem Sonntag öffentliche Gebäude (blut-)rot angestrahlt.[85]

In Ontario/Kanada wurden zahlreiche natürliche Gegebenheiten, z.B. Seen, Inseln und Flüsse, im Andenken an Personen aus Ontario, die im Rahmen von Kriegshandlungen verstorben sind, benannt. Der Autor hat die Benennung eines Sees nach dem Piloten Harry R. Moncrieff beim Ontario Geographic Names Board beantragt.

150 Gedenktafel St. Mary Kirche in East Bergholt, England, auf der J. Notley aufgeführt ist

151 Denkmal im „Garden of Remembrance" in Carshalton, England, auf dem William F. Shead genannt wird

153 Denkmal in Whiteinch bei Glasgow, Geburtsort von Samuel Flavell

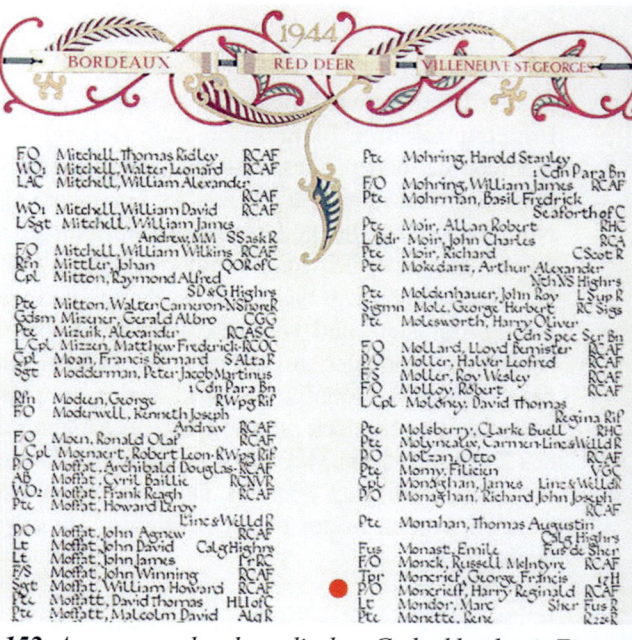

152 Auszug aus dem kanadischen Gedenkbuch mit Eintrag "P/O Moncrieff, Harry Reginald RCAF"

Im „Peace Tower" des kanadischen Parlaments liegen Gedenkbücher aus, die alle Kanadier beinhalten, die im Rahmen von Kriegen gefallen sind. Jeden Morgen um 11 Uhr wird eine Seite umgeblättert, so dass jede Seite mindestens einmal im Jahr aufgeschlagen wird.[86]

Neben den Gedenkstätten in den Wohnorten der Gefallenen erinnert das nachfolgend dargestellte Denkmal an die Gefallenen der 166. Staffel in Kirmington.

154 Denkmal in Kirmington - Auf der Tafel steht u.a. geschrieben: „Dieses Denkmal ist allen Männern und Frauen, die in der 166. Staffel der Royal Air Force Kirmington 1943-1945 gedient haben, gewidmet, von denen 921 ihr Leben ließen, damit wir frei sind. Wir vergessen die Dorfbewohner nicht, die uns in ihr Herz und ihr Heim gelassen haben. Wir werden für immer für ihre Kameradschaft und Menschlichkeit dankbar sein, denn mit ihrer liebevollen Hilfe hielten wir zusammen, um die Tyrannei zu besiegen."

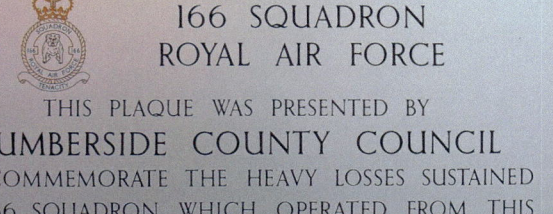

156 Eine der Gedenktafeln am Humberside Flughafen

155 Denkmal am Humberside Flughafen – Die Glocke gehörte der 166. Staffel und diente als Alarmglocke

157 Gedenktafel in der Kirche des Dorfes Kirmington

Abkürzungsverzeichnis

F/O	Flying Officer
F/S	Flight Sergeant
Flak	Flugabwehrkanone
P/O	Pilot Officer
RAF	Royal Air Force
RAFVR	Royal Air Force Volunteer Reserve
RCAF	Royal Canadian Air Force
Sgt.	Sergeant
T.I.	Target Indicator – Zielmarkierer
USAAF	United States Army Air Force
VR	Volunteer Reserve

Danksagung

Ich danke ganz herzlich u.a. den folgenden Institutionen und Personen für ihre Aussagen als Zeitzeugen, für die Unterstützung bei der Recherche, Herstellung von Kontakten, Überlassung von Informationen und jegliche andere Unterstützung:

550 Squadron and RAF North Killingholme Association, UK
Airborne Systems Limited, UK
Australian War Memorial, Campbell, Australien
Battle of Britain Memorial Flight, UK
British War Graves, UK
Bundesarchiv Militärarchiv, Freiburg
Commonwealth Air Training Plan Museum, Brandon, Kanada
Commonwealth War Graves Commission, UK
Crecy Publishing, UK
Deutsche Dienststelle (WASt)
d-maps.com, Frankreich
Freiwillige Feuerwehr Schöller
Greenhill Books, UK
HeimatMuseum Luckenwalde
Library and Archives Canada, Ottawa, Kanada
Lincolnshire Aviation Heritage Center, UK
Lincolnshire County Council - Library Service, UK
Meaple Leaf Legacy Project, Kanada
Ministry of Defence Abbey Wood, UK
National Archives, London, UK
National Archives, Washington, USA

Newark Air Museum, UK
Our Shining Swords, UK
Royal Air Force Museum, London, UK
Stadtarchiv Calw
Stadtarchiv Dortmund
Stadtarchiv Düsseldorf
Stadtarchiv Duisburg
Stadt Düsseldorf, Friedhofsverwaltung Nordfriedhof
Stadtbibliothek Mettmann
Stadt Wuppertal
The National Archives, Kew, UK
Tin Hat Productions, UK
US Library of Congress, USA
Verlag Plenk Berchtesgaden GmbH & Co. KG
Veterans Affairs Canada, Kanada

Andrew Arnold
Mark Ashmore
Pauline Benjafield
Rolf Berlin
Richard Bertocco
Dr. Theo Boiten
Hodge Brady
Janice Bridges
Dirk Buchholz
Jean Chandler
Karin Büskens
Horst Chmielarz
Oliver Clutton-Brock
Graham Cole
Wolfgang Fackin
David Farnsworth
Richard Flagg
Adam Fortuna
Neil Graham
Grzegorz Korcz

Robert Grellmann
Paul Herod
Stephen Hayter
Andrea Hober
Moritz Iseke
Dave Jackman
Akhil Kadidal
Manfred Kopp
Dr. Uwe Kühnapfel
Siegfried Küper
Liz Lightford
James D.N. MacKenzie
Terry Marsden
Mick McCann
Brian McKernon
Jennifer McMurray
Familie Merrill
Gary L. Moncur
Cornelia Neddermann
Familie Orzechowski

Patrick Otter
Familie Paninski
Charles Parker
Mark People
Karsten Porezag
Horst Richter
Jürgen Schulz
Mike Smith
Janice Swanwick
David Swallow
Lynn Stone
Stephne van der Toorn
Pete Tresedern
Allan Warren
Klaus Winter
Familie von Winterfeld
Martyn Wright
Lawrence Wynn

Meine ehrenamtlichen Kollegen:

Christian Agricola
Axel Bode
Dr. Helmut Grau

Christian Haase
Jürgen Lohbeck
Josef Niedworok

Sven Polkläser
Aljoscha Uhle

Abbildungsnachweis

60	National Archives USA, Signatur III-SC-384830
61	RCAHMS National Collection of Aerial Photography ncap.org.uk
62	Graham Cole
65-66	Museum Luckenwalde
67	Australian War Memorial, Signatur P03127.006
68	Verwaltung Nordfriedhof Düsseldorf
69	Commonwealth War Graves Commission
72	www.mapleleaflegacy.ca
73-75	www.britishwargraves.co.uk (genehmigt von Mick McCann)
92	Akhil Kadidal
93, 96	Royal Air Force Museum, London British Crown Copyright, RAF Museum, Crown Copyright material is reproduced with the permission of the Controller of Her Britannic Majesty's Stationery Office
94	Newark Air Museum (genehmigt von Mike Smith; ursprünglich von N. Franklin)
97	Australian War Memorial Bild 044733
98	Australian War Memorial Bild UK2052
99-101	Lincolnshire Aviation Heritage Center, Ausschnitte aus dem Film „The East Kirkby Lancaster Experience", genehmigt von Tin Hat Productions LTD. (www.Tinhatproductions.com) via www.ourshiningsword.com
102	The Lancaster Manual: The Official Air Publication for the Lancaster Mk I and III 1942-1945, genehmigt durch Greenhill Books (nachträglich koloriert und übersetzt durch den Autoren)
103-104	RAF Air Historical Branch
105	https://en.wikipedia.org/wiki/File:Donald_Pleasence_Allan_Warren_edit.jpg mit Genehmigung des Fotografen Allan Warren
106	Verlag Plenk Berchtesgaden GmbH &. Co. KG
107	Australian War Memorial, Signatur P00813.001
108	Hans Onderwater Archiv
109	http://home.cogeco.ca/~dswallow4/Kirmington.htm (genehmigt von David Swallow), crown copyright expired
111, 154-157	Richard Flagg, www.ukairfields.org.uk
112	Peter H. T. Green
117	http://ww2today.com/4-may-1944-heavy-raf-losses-in-attack-on-wehrmacht-barracks (kein bekanntes Copyright lt. National Archives USA bekannt)
118	550 Squadron and RAF North Killingholme Association
122, 125	© Government of Canada. Reproduced with the permission of Library and Archives Canada (2015) Source: Library and Archives Canada/Department of National Defence fonds/RG24 28265
123	Perth Courier vom 12.4.1945
124	Ottawa Journal vom 6.4.1945
126-127, 134	© Government of Canada. Reproduced with the permission of Library and Archives Canada (2015) Source: Library and Archives Canada/William P. Chandler J96635
128	US Library of Congress http://www.loc.gov/pictures/item/2002722130/
129	US Library of Congress http://www.loc.gov/pictures/item/2002722128/
130	Airborne-Systems Limited Fotograf Dave Jackman (genehmigt von Pauline Benjafield)
131-133	Veterans Affairs Canada, www.vac-acc.gc.ca
135	National Archives London, AIR/29/641
136-138	© Government of Canada. Reproduced with the permission of Library and Archives Canada (2015) Source: Library and Archives Canada/Charles Keith Wynn J96627

Quellenverzeichnis

1	Hermann Kinder / Werner Hilgemann: dtv-Atlas zur Weltgeschichte, Band 2, München, 21. Auflage, 1986, Seiten 211, 213
2	Avro Lancaster, https://de.wikipedia.org/wiki/Avro_Lancaster, 20.11.2015
3	Davis, Rob, Royal Air Force (RAF) Bomber Command 1939-1945, http://www.elsham.pwp.blueyonder.co.uk/raf_bc/, 20.11.2015, Absatz „nationalities"
4	Night Raid Report des Bomber Command
5	Operation Record Book 166. Squadron, National Archives England, AIR 27/1089
6	Operation Record Book No. 1 Group, National Archives, AIR 25/2
7	www.bunkermuseum.de/angriffe_emden/fish_code_names.pdf, 23.2.2016,Fish Code Names
8	www.bunkermuseum.de/angriffe_emden/fish_code_names.pdf, 23.2.2016,Fish Code Names
9	Night Raid Report des Bomber Command
10	W. E. Jones, Bomber Intelligence, Leicester, 1983 S. 77-80
11	Operation Record Book 166. Squadron, National Archives England, AIR 27/1089
12	Dr. Theo E.W. Boiten: The Nachtjagd War Diaries, Vol. I, Walton on Thames, 1. Aufl. 2008
13	Dr. Theo E.W. Boiten: The Nachtjagd War Diaries, Vol. I, Walton on Thames, 1. Aufl. 2008
14	Dr. Theo E.W. Boiten: The Nachtjagd War Diaries, Vol. I, Walton on Thames, 1. Aufl. 2008
15	Murray Peden, A Thousand Shall Fall, 1988, Toronto S. 415
16	http://www.klassiker-der-luftfahrt.de/geschichte/woher-stammt-der-begriff-dueppel/556720 17.1.2016
17	Dr. Theo E.W. Boiten: The Nachtjagd War Diaries, Vol. I, Walton on Thames, 1. Aufl. 2008
18	Operation Record Book 166. Squadron, National Archives England, AIR 27/1089
19	Verlustkarte der Lancaster NE114, RAF Museum, London
20	Erinnerungen eines Crewmitgliedes
21	Tagebuch William Chandler
22	Brief von Lawrence Wynn vom 6.10.2014
23	Service Record von Harry R. Moncrieff, Library and Archives Canada/Department of National Defence fonds/RG24 28265
24	Operation Record Book 166. Squadron, Summary of Events, NARA, AIR 27/1089
25	W. E. Jones, Bomber Intelligence, Leicester, 1983 S. 147
26	Operation Record Book No 1 Group Bomber Command, National Archives UK, AIR 25/2
27	Night Raid Report des Bomber Command
28	Jim Wright, On Wings Of War, Anhang XII
29	Night Raid Report des Bomber Command
30	Night Raid Report des Bomber Command
31	Night Raid Report des Bomber Command
32	Winnipeg Free Press vom 23.5.1944
33	Stadtarchiv Dortmund, Bestand 424, Nr. 47, Tageschronik für Dortmund vom 1.-31.5.44
34	Jahresberichte des Historischen Vereins für Dortmund und die Grafschaft Mark, in: Beiträge zur Geschichte Dortmunds und der Grafschaft Mark, Band 47, 1948
35	Dr. Theo E.W. Boiten: The Nachtjagd War Diaries, Vol. I, Walton on Thames, 1. Aufl. 2008
36	Bundesarchiv Militärarchiv, Abschussmeldungen
37	Tagebuch William Chandler
38	www.campkingoberursel.de M. Kopp „Flieger ohne Flügel" Durchgangslager (Luft) – Auswertestelle (West) 1939–1945 Sonderdruck aus dem Jahrbuch des Hochtaunuskreis 2009
39	Tagebuch William Chandler
40	Karsten Porezag, Der Luftkrieg über Wetzlar, Wetzlar, 1996, S. 21, 25
41	Tagebuch William Chandler
42	Oliver Clutton-Brock, Raymond Crompton, The Long Road, London, 2013, S. 284

43	Tagebuch William Chandler
44	Library and Archives Canada Stalag Luft 7, 1944-1945 - RG 24, vol. 8024, file 21-6
45	http://www.redcross.org.uk/about-us/who-we-are/museum-and-archives/historical-factsheets/food-parcels 23.2.2016
46	Tagebuch William Chandler
47	http://www.luckenwalde.de/Stadt/Kultur/Museen/HeimatMuseum/STALAG-III-A-LUCKENWALDE 23.2.2016
48	http://www.luckenwalde.de/Stadt/Kultur/Museen/HeimatMuseum/STALAG-III-A-LUCKENWALDE 23.2.2016
49	Friedhofsbuch Nordfriedhof Düsseldorf
50	Library and Archives Canada/Department of National Defence fonds/RG24 28265
51	Library and Archives Canada/Department of National Defence fonds/RG24 28265
52	https://de.wikipedia.org/wiki/Bakelit 23.2.2016
53	https://de.wikipedia.org/wiki/Polymethylmethacrylat 23.2.2016
54	www.lostaircraft.com 31.7.2014
55	Bruce Robertson, Avro Lancaster-Story of a Famous Bomber, 1964, Seite 187
56	https://de.wikipedia.org/wiki/Avro_Lancaster 23.2.2016
57	https://de.wikipedia.org/wiki/Luftangriffe_auf_das_Ruhrgebiet 9.2.2016
58	Ron Smith, Rear Gunner Pathfinder, Bodmin, 1987 S. 123
59	Bruce Robertson, Avro Lancaster-Story of a Famous Bomber, 1964, Seite 187
60	http://www.raf.mod.uk/history/bombercommandno166squadron.cfm 10.1.2016
61	Operation Record Book 166. Squadron, National Archives England, AIR 27/1089
62	W E Jones, Bomber Intelligence, Leichester, 1983, S. 272-273
63	Ken Delve, RAF Bomber Command 1936-1968, Barnsley, 2005 S. 128
64	https://en.wikipedia.org/wiki/Donald_Pleasence 10.1.2016
65	http://www.pleasence.com/articles/empire.html 10.1.2016
66	http://www.raf.mod.uk/history/bombercommandno166squadron.cfm 10.1.2016
67	http://www.bombercommandmuseum.ca/manna.html 16.1.2016
68	https://www.awm.gov.au/blog/2010/04/29/food-from-heaven-460-squadron-and-operation-manna-1945/
69	http://www.aviationheritagelincolnshire.com/content/lincolnshire-bomber-command-memorial 10.1.2016
70	Bruce Barrymore Halpenny, Action Stations 2, Cambridge, 1981, Seiten 120-121
71	Evening Telegraph vom 16.4.1974
72	Bruce Barrymore Halpenny, Action Stations 2, Cambridge, 1981, Seiten 120-121
73	Library and Archives Canada/Department of National Defence fonds/RG24 28265
74	Operation Record Book 166. Squadron, National Archives England, AIR 27/1089
75	https://de.wikipedia.org/wiki/Mailly-le-Camp 23.2.2016
76	Operation Record Book 166. Squadron, National Archives England, AIR 27/1089
77	https://de.wikipedia.org/wiki/Mailly-le-Camp 23.2.2016
78	Operation Record Book 166. Squadron, National Archives England, AIR 27/1089
79	http://www.lancaster-archive.com/lanc_100%20ops.htm 22.1.2016
80	Library and Archives Canada/Department of National Defence fonds/RG24 28265
81	Library and Archives Canada/William P. Chandler J96635
82	Library and Archives Canada/Charles Keith Wynn J96627
83	Library and Archives Canada/Charles Keith Wynn J96627
84	Angaben der Familie
85	https://de.wikipedia.org/wiki/Volkstrauertag#Commonwealth
86	http://www.veterans.gc.ca/eng/remembrance/memorials/books

The R.A.F.'s intensive bombing of Germany's war industries continues.

BACK THEM UP!

ARTV02303